全集 伝え継ぐ 日本の家庭料理

炊きこみご飯・おにぎり

（一社）日本調理科学会 企画・編集

はじめに

日本は四方を海に囲まれ、南北に長く、気候風土が地域によって大きく異なります。このため各地でとれる食材が異なり、その土地の歴史や生活の習慣などともかかわりあって、地域独特の食文化が形成されています。地域の味は、親から子、人から人へと伝えられていくものですが、食の外部化が進んだ現在ではその伝承が難しくなっています。このシリーズは、日本人の食生活がその地域ごとにはっきりした特色があったとされる、およそ昭和35年から45年までの間に各地域に定着していた家庭料理を、日本全国での聞き書き調査により掘り起こして紹介しています。

本書では、各地の炊きこみご飯と混ぜご飯、おにぎりを集めました(*)。主食といわれる米ですが、全国的に十分に食べられるようになったのはようやく昭和35年前後のこと。それまでは麦や雑穀、野菜やいもで増量した「かてめし」を食べることも多かったのです。本書でも、里芋やむかごを入れたご飯が紹介されていますが、すでに当時は増量のための「かてめし」から地域の農産物を味わうご飯に変わりつつあります。また、季節の魚介はご飯にすることで、うま味たっぷりの旬の味を家族皆で楽しむことができます。具だくさんのご飯はそれだけでおかずはいりません。大人数のもてなしの際にも便利でした。ご飯そのものは淡泊なので、どんな食材とも味とも調和し、各地に季節ごとの具入りご飯が伝えられています。

粘りけのある日本のご飯はまとまりやすく、弥生時代からおにぎり状のご飯はありました。本書では田植えの小昼《こびる》(間食)や田の神へのお供え、山仕事や遠足の弁当などでつくられた、多彩なおにぎりと葉っぱで包むご飯を紹介します。

聞き書き調査は日本調理科学会の会員が47都道府県の各地域で行ない、地元の方々にご協力いただきながら、できるだけ家庭でつくりやすいレシピとしました。実際につくってみることで、読者の皆さん自身の味になり、そこで新たな工夫や思い出が生まれれば幸いです。

2019年2月

一般社団法人 日本調理科学会 創立50周年記念出版委員会

*この他のご飯の食べ方については『どんぶり・雑炊・おこわ』(仮)として、具をのせたりかけたりしたご飯と、雑炊にお粥、赤飯やおこわ、きりたんぽや五平餅のような半搗きのご飯をまとめます(2020年刊行予定)。併せてご利用ください。

目次

イラスト／武藤良子（目次、p120、122）

凡 例

◎「著作委員」と「協力」について

「著作委員」はそのレシピの執筆者で、日本調理科学会に所属する研究者です。「協力」は著作委員がお話を聞いたり調理に協力いただいたりした方（代表の場合を含む）です。

◎ エピソードの時代設定について

とくに時代を明示せず「かつては」「昔は」などと表現している内容は、おもに昭和35～45年頃の暮らしを聞き書きしながらまとめたものです。

◎ レシピの編集方針について

各レシピは、現地でつくられてきた形を尊重して作成していますが、分量や調理法はできるだけ現代の家庭でつくりやすいものとし、味つけの濃さも現代から将来へ伝えたいものに調整していることがあります。

◎ 材料の分量について

・1カップは200mℓ、大さじ1は15mℓ、小さじ1は5mℓ。1合は180mℓ、1升は1800mℓ。

・塩は精製塩の使用を想定しての分量です。並塩・天然塩を使う場合は小さじ1=5g、大さじ1=15gなので、加減してください。

・塩「少々」は親指と人さし指でつまんだ量（小さじ1/8・約0.5g）、「ひとつまみ」は親指と人さし指、中指でつまんだ量（小さじ1/5～1/4・約1g）が目安です。

◎ 材料について

・油は、とくにことわりがなければ、菜種油、米油、サラダ油などの植物油です。

・濃口醤油は「醤油」、うす口醤油は「うす口醤油」と表記します。ただし、本書のレシピで使っているものには各地域で販売されている醤油もあり、原材料や味の違いがあります。

・「砂糖」はとくにことわりがなければ上白糖です。

・「豆腐」は木綿豆腐です。

・味噌は、とくにことわりがなければ米麹を使った米味噌です。それぞれの地域で販売されている味噌を使っています。

◎うま味と旨みの表記について

本書では、5つの基本味のひとつ*である「うま味（Umami）」と、おいしさを表現する「旨み（deliciousness）：うまい味」を区別して表記しています。

*あとの4つは甘味、酸味、塩味、苦味。

◎加水量とご飯の炊き方について

・ご飯を炊くときの加水量は、米重量の1.5倍あるいは米容量の1.2倍が目安です。

・自動炊飯器でなく鍋でご飯を炊く場合は、洗った米を30分から2時間ほど水につけ吸水させた後、蓋をして火にかけ、10分程度で沸騰状態にします。ふきこぼれない程度に火を弱め、沸騰状態を保ちながら5分、さらに火を弱めて15分加熱し、火を消して10～15分蒸らします。

計量カップ・スプーンの調味料の重量（g）

	小さじ1（5mℓ）	大さじ1（15mℓ）	1カップ（200mℓ）
塩（精製塩）	6	18	240
砂糖（上白糖）	3	9	130
酢・酒	5	15	200
醤油・味噌	6	18	230
油	4	12	180

魚・貝・海藻のご飯

春から夏は貝やいかや鮎。秋から冬はさんま、鮭やかに。旬の魚介のうま味をたっぷり含んだご飯はその時季だけの贅沢なおいしさです。一方、煮干しや塩さば、焼きさばは、季節を問わず人が集まる場に出されるご飯の具としてよく使われました。

いかめし

〈北海道〉

　真いか（するめいか）の水揚げが多い道南地方では、6月に入り旬を迎えると、いかめしをつくります。甘辛のいかの味がよくしみたもちもちのご飯は、もともとは漁師が忙しい漁船の中でもつまんで食べられるようにと考案されたものです。戦時中に函館本線の森駅の駅弁として売られ、やがて全国的に有名になりました。

　するめいかを開いて干した「するめ」の生産量が多い松前町では、いかがやわらかくなるので、一度冷凍してから使います。また、小さい方が身がやわらかく、ご飯とのバランスもいいので、いかをたくさんもらったり釣ったりしたときは、小ぶりのものをいかめし用に冷凍しておくそうです。函館では運動会の定番料理で、大きいいかめしは輪切りにして、小さいいかめしは丸のまま重箱に詰めて持って行きます。親族が集まるお盆の忙しい時期にもたくさん煮て冷蔵庫に入れておくと、次の日には味がしみ夏場の食欲のないときも食べることができるそうです。

協力＝秋本コウ、瀬川留美子、坪君子
著作委員＝田中ゆかり、伊木亜子

＜材料＞ 4人分

スルメイカ…4杯
もち米…1カップ
だし汁（昆布）…3カップ（600mℓ）
砂糖…大さじ3
酒…大さじ2
みりん…大さじ4
醤油…大さじ4

◎体長15cm（足を除く）程度の小ぶりのイカがよい。

＜つくり方＞

1 米は洗って1時間水に浸し、ザルにあげて水けをきる。
2 イカは足を内臓ごと引き抜き、軟骨をとり、中をきれいに水で洗う。
3 イカの胴に**1**の米を5〜7分目になるように入れる（写真①）。米が片寄らないように全体に広げ（写真②）、端を爪楊枝でとじる（写真③）。
4 鍋にだし汁と調味料を入れて火にかけ、煮立ったら**3**のイカを並べ入れる（写真④）。
5 落とし蓋と鍋の蓋をして強火にし、沸騰したら中火以下にして、中の米が煮えるまで30〜50分煮る。煮えたか心配なときは、菜箸をすき間から入れて米の弾力をみるか、1〜2粒とり出し芯がないかを確認する。
6 火を止めてそのまま冷めるまでおき、味をなじませる。
7 食べやすい大きさの輪切りにして盛りつけ、残った煮汁を少量かける。

◎刺身用の新鮮なイカより加熱用や冷凍品でつくる方がやわらかく仕上がる。

◎抜いたイカの足はイカゴロ（内臓）と一緒に長ねぎやしょうがを入れ、煮物や焼き物にするとおいしい。

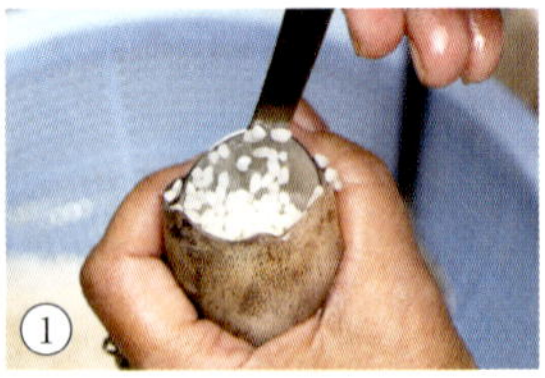
①

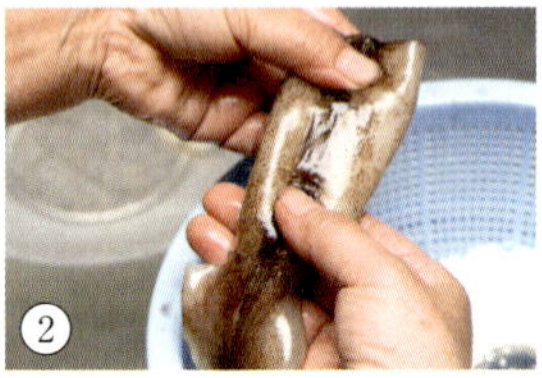
②

③

④

撮影／高木あつ子

〈宮城県〉

はらこめし

県南部の亘理町《わたりちょう》の周辺では、毎年10月から11月にかけて、鮭が産卵のために川を遡上《そじょう》しはじめる頃、鮭の身とはらこ（鮭の卵）を使ってはらこめしをつくります。上流まで上った鮭は脂が落ちてしまうため、海の近く、河口付近でとれたものを使うとおいしいそうです。もともと地元の漁民の料理でしたが、仙台藩主の伊達政宗が、松島湾と阿武隈川《あぶくまがわ》を結ぶ貞山《ていざん》運河の工事視察で亘理を訪れた際献上したところ、非常に喜んで食べたことから地域の名物料理として知られるようになりました。ひと口食べると、はらこのぷちっとした食感とともに、濃いうま味が口に広がります。さっぱりとした味の鮭の身と醤油ご飯とのバランスもよいです。

漁港の近くでは季節になるとよくはらこめしを食べていましたが、少し離れたところでは、はらこ入りの鮭は貴重品でした。秋、近所の人から阿武隈川で釣った鮭をもらうと、丸々一尾を家でさばき、はらこめしや焼き魚、煮魚などにして大事に食べていました。

協力＝南部ひろみ、峯岸千恵子
著作委員＝高澤まき子、矢島由佳

<材料> 4人分

米…2合
サケの煮汁＋水…2.4カップ（480mℓ）
はらこ（サケの卵）…100g
醤油…小さじ1
みりん…小さじ1
サケ（ブロック）…240g
醤油…大さじ2と1/3
砂糖…大さじ1弱（8g）
酒…大さじ2
だし汁…80mℓ

<つくり方>

1 米は洗ってザルにあげる。
2 はらこはボウルに入れ、塩大さじ1（分量外）をふる。熱湯をかけると卵を包む膜（卵巣膜）が縮れてくるので（写真①）、菜箸で手早くとり除き（写真②、③）、ザルにとる。
3 ザルごとボウルに入れ、塩大さじ1（分量外）を全体にまぶす（写真④）。冷水を流し入れながら、残りの膜やかすをとり除く（写真⑤）。ザルにあげて水けをきる。みりんと醤油で1時間ほど漬ける。
4 サケは煮くずれしにくくするため尾の方からそぎ切りにし、調味料とだし汁で煮る。サケに火が通ったらとり出す。
5 4の煮汁と水で米を炊く。
6 飯を器に平らに盛り、サケをのせ、はらこを散らす。

◎4のあと、残った煮汁を沸騰させた中に3のみりんと醤油に漬ける前のはらこを加え、1回かき混ぜてもよい。煮汁に通すことではらこの生臭みが消える。

①

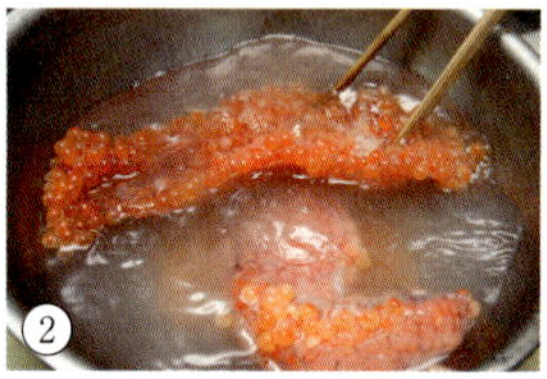
②

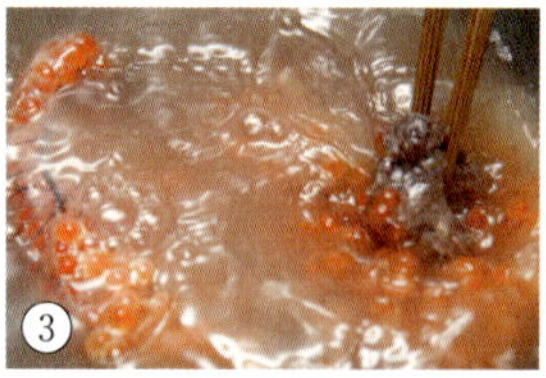
③

④

⑤

撮影／高木あつ子

〈宮城県〉
貝ご飯

　県沿岸部の三陸地方は、昔から牡蠣やホタテ、ホヤなどの養殖がさかんな地域です。収穫時に貝のついたロープを引き揚げると、赤《あか》皿貝《ざらがい》という赤褐色の二枚貝やしゅうり貝（ムラサキガイ）が一緒についてきます。牡蠣やホタテ、ホヤは出荷しますが、赤皿貝やしゅうり貝は自家用。それぞれをたくさん使い、貝ご飯にします。貝のだしがしみこんだご飯はうま味がたっぷりで、地元の人たちは貝ご飯と汁物さえあればおかずがなくても大丈夫だといいます。赤皿貝を養殖しているところは少なく、牡蠣やホタテ、ホヤの養殖の副産物として少量出回る程度なので、この地域ならではの食材です。

　味つけは醤油味や塩味など家庭によってさまざまです。具は貝のみの家もあれば、油揚げやごぼう、にんじんなど他の具材も入れる家もあります。宮城では、こうした具入りのご飯や赤飯をしばしば皿に盛って出します。中に入っているものをよく見せるための盛りつけなのかもしれません。

協力＝三浦さき子、西城良子、菅原悦子
著作委員＝濟渡久美

撮影／高木あつ子

＜材料＞ 4人分

うるち米…2合
もち米…1/2合
煮汁＋水…2.5カップ（500mℓ）
アカザラガイ*またはムラサキガイ
…殻付きで500g（正味150g）
油揚げ（小）…2枚（40g）
にんじん…1/3本（50g）
ごぼう…1/4本（50g）
油…適量
塩…小さじ1/2
砂糖…小さじ2
酒…大さじ3
みりん…大さじ3
昆布…15cm

*紫色を帯びた褐色や赤褐色の貝殻を持つ貝。ホタテガイに似て貝柱が大きい。ホタテガイを使ってもよい。

＜つくり方＞

1 貝は殻の表面をたわしでしっかり水洗いする。鍋に殻付きのまま入れ、水を加えずに落とし蓋をして貝が開くまで蒸し煮する。
2 貝をザルにあげ、煮汁と分ける。殻から身をはずし、黒い部分（中腸腺）をとり除く。煮汁はペーパータオルでこす。
3 油揚げは油抜きして細切りにする。にんじんはせん切りに、ごぼうはささがきにする。
4 油を熱したフライパンに3を入れて炒め、火をさっと通す。
5 炊飯器に洗った米と煮汁と水、調味料を入れ、その上に2の貝、炒めた具材と昆布をのせて1時間ほどおき、炊く。炊き上がったら昆布をとり出し、混ぜる。

〈宮城県〉

ほっきめし

阿武隈川《あぶくまがわ》の河口に位置する亘理《わたり》町《ちょう》の荒浜漁港は、昔から漁業がさかんな地域です。以前はほっき貝もよくとれ、漁のピークの3〜5月になるとほっき貝のだし汁で炊いたほっきめしがよく食卓に上りました。貝のうま味がご飯に移っておいしく、おかずがなくてもこれだけで何杯も食べられます。ほっき貝を開けて身をとるのは少し手間がかかるため、いつでもつくるというものではありませんでしたが、亘理町では来客があるとおもてなしとしてつくりました。

一方、亘理町の近隣では、行商が売りに来ないとなかなかほっき貝を手に入れることができませんでした。行商の人が来たときには、子どもたちもほっきめしが食べられると喜んだそうです。

最近では、ほっき貝をおろせる人が減ってしまい、家庭では滅多につくらなくなりました。ただ、ほっきめしが地域の名物になり、春になると亘理町周辺のお店で食べることができるようになりました。

協力＝南部ひろみ、峯岸千恵子
著作委員＝高澤まき子、矢島由佳

撮影／高木あつ子

＜材料＞4人分

米…2合
煮汁＋水…2.4カップ（480mℓ）
ホッキガイ（殻付き）
…4個（800〜1000g）
醤油…大さじ2
酒…大さじ1と3/5（24mℓ）
みりん…大さじ4/5（12mℓ）
しょうが（好みで）…1/4かけ（5g）

＜つくり方＞

1 米は洗ってザルにあげる。
2 貝は、殻をたわしでよく洗ってからはずす。このとき貝から出る汁は捨てずにとっておき、ふきんでこす。貝のひもをはずし、身を2つに切り開いて（写真①）内臓部分をとり除く（写真②）。貝の風味を損ねないように2〜3％程度の塩水で洗い、食べやすい大きさに切る。
3 鍋に2の貝から出た汁と調味料を入れて煮立て、貝を入れて色が変わったらすぐにとり出す。
4 炊飯器に米と3の煮汁と水を入れて炊く。炊き上がったら、貝を入れて10分蒸らす。
5 ほっきめしを器に盛る。好みでせん切りにしたしょうがを添える。

〈福島県〉

ほっきめし

浜通り北部の相馬地域は昔からほっき貝の漁がさかんな場所です。一時は乱獲によって激減しましたが、地域ぐるみの保護で豊かな漁場に戻りました。ここでは、刺身のほか、煮つけや天ぷら、酢の物、貝を入れた練り味噌「ほっき味噌」などさまざまな料理にほっき貝を使います。

なかでもほっきめしは初夏から初秋にかけて、日常的につくります。7月に行なわれる相馬野馬追《そうまのまおい》のふるまいのお膳にも欠かせない料理です。具はほっき貝のみで、にんじんや油揚げなどは入れません。シンプルですが、磯の香りと貝の濃厚なうま味が醤油とともにご飯にしみこみ、なんともいえないおいしさです。

福島のほっき貝は北海道のものに比べるとやや小ぶりですが、身がややわらかいのが特徴です。さっと煮て仕上げることでぷりぷりとした歯ごたえとやわらかい食感が楽しめます。加熱すると紫がかったグレーの身の色がピンク色に変わり、食卓が華やぎます。

協力＝鈴木純子、渡辺純子
著作委員＝津田和加子

＜材料＞ 4人分

米…2合
ホッキガイの汁＋煮汁＋水
　…2.1カップ（420mℓ）
【具】
ホッキガイ（殻つき）
　…2〜5個（200〜500g）
水…30mℓ
昆布…10cm
酒…1/4カップ
みりん…大さじ2弱（32g）
醤油…大さじ1と1/2
砂糖…小さじ1/2
塩…小さじ1/2

しょうが、のり、木の芽（好みで）
　…適量

＜つくり方＞

1 米を洗い、30分程度吸水させる。その後、ザルにあげる。
2 貝は、殻をよく洗う。管が出ているところからナイフを入れ（写真①）、2本の貝柱を殻からはずすように切る（写真②）。貝柱が切れると貝が開く。ナイフは刃が鋭くないデザートナイフがよい。このときに貝から出た汁はボウルにとり、さらし布巾でこしておく。
3 身をとり出し（写真③）、足（舌のような形をした部分）と貝柱、ひもを包丁で切り離す（写真④）。黒い汚れや内臓はとり除く（写真⑤、⑥）。足を半分にスライスする（写真⑦）。足、ひも、貝柱（写真⑧右）は食べやすい大きさに切る。
4 鍋に水と昆布を入れて火にかけ、沸騰したら昆布をとり出し、調味料を加える。
5 3の身を加えて30秒ほど火を通してから身をとり出す。煮汁は冷ましておく。
6 炊飯器に米と2の貝の殻をはずすときに出た汁と5の煮汁、水を加えて炊く。
7 炊き上がる10分ほど前に貝の身をのせる。炊き上がったら器に盛り、好みで針しょうがや刻みのり、木の芽を天盛りにする。

◎炊飯中、蓋が開かないタイプの炊飯器では、炊き上がった直後にほっき貝を入れて10分ほど蒸らす。

①

②

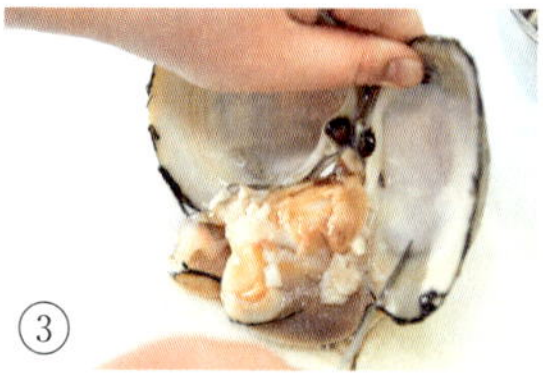
③

④

⑤

⑥

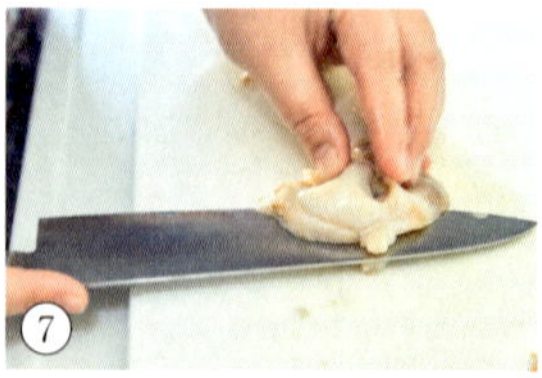
⑦

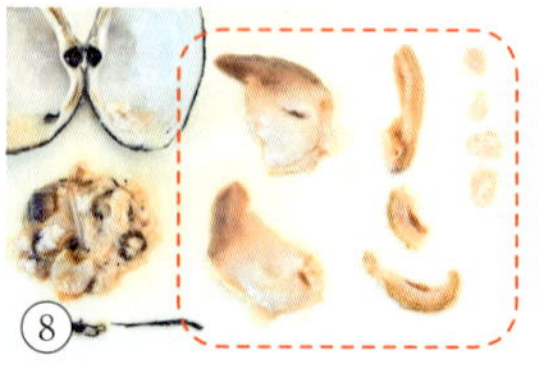
⑧

撮影／長野陽一

〈福島県〉

さんまめし

福島県浜通り南部のいわき市では、以前は9～10月になると新鮮なさんまが大量に水揚げされました。この時期は一般家庭でも漁師からのいただきものなどで食べ方に困るほどです。さんまをたたいたなめろうや、それを焼いたぽうぽう焼き、みりん干しなど、さまざまに料理していました。

香ばしく焼いたさんまを尾頭つきのまま、米と一緒に土鍋で炊き上げたさんまめしもそのうちの一つ。新鮮なさんまを豪快に使うのは漁師町ならではです。脂ののったさんまのうま味としょうがの香りで食欲も増します。ねぎや青じそを刻んで入れるとさっぱりとした味わいで箸が進みます。昔から秋の到来を告げる料理として心待ちにされていました。

沿岸部にある10の漁港では、季節ごとに多種多様な魚が水揚げされていましたが、3・11の原発事故後、漁獲制限や出荷制限により多大な影響を受けました。地域の人たちは、以前の活気を取り戻すための取り組みを続けています。

協力＝鈴木純子
著作委員＝阿部優子、石村由美子

＜材料＞ 4人分

米…3カップ
水…3カップ(600mℓ)
醤油…小さじ2
酒…大さじ2
昆布…10cm
しょうが…1かけ
サンマ…2尾(約300g)
塩…適量
青ねぎ(または白ねぎ)…適量

＜つくり方＞

1 米は洗って30分～1時間程度水につけ、ザルにあげる。
2 しょうがはせん切りにする。
3 サンマは内臓をとり出し、洗って水けを拭きとる。両側に塩をふり、網かグリルで皮に焦げ目がつくまで焼く。
4 鍋に米と水、調味料と昆布、しょうがを入れて軽く混ぜ、サンマをのせる。蓋をして強火にかけ、沸騰したら弱火にする。17分程度たったら火を止め、15分程度蒸らす。
5 サンマをとり出し、頭と骨と尾をとり除いて身をほぐす。ご飯と軽く混ぜ合わせ、器に盛る。青ねぎや白ねぎの小口切りを散らし、好みですだちを添える。

さんま料理の一つ「ぽうぽう焼き」

さんまめしの盛りつけの一例

撮影／長野陽一

〈東京都〉
いかめし

5〜7月の伊豆諸島の新島や式根島で、小さい赤いかがとれたときだけの旬の味です。赤いかは剣先いかのことで、肉厚で甘味があり、加熱してもやわらかいのが特徴です。いかめしには小さいものを使います。それは大きいと煮上がったときに、いかがかたかったり、ご飯に芯ができていたりするからです。小さいいかに米を詰めるのは手間がかかりますが、初夏の小さいいかだからこそのおいしさです。

かつては冷蔵庫がなかったため、いかが入手できたときしか食べられませんでした。夜に釣りあげたいかで翌日つくってもらったいかめしは、何ともいえずおいしかったそうです。島でシイッコと呼ばれる甲殻類のカメノテの汁を添えるとさらにおいしいので、子どもたちはドライバーなどを持ち、海岸の岩のすき間からとってきました。

新島では赤いかがないときは、ばかいか（するめいか）でつくりますが、隣の式根島では普通にばかいかでつくり、その方が味がよいという人もいます。

協力＝梅田喜久江、新島村郷土料理研究会、植松育　著作委員＝加藤和子

撮影／長野陽一

＜材料＞ 4人分

アカイカ（ケンサキイカ）
　…小8杯（スルメイカでもよい）
うるち米…0.4合（60g）
もち米…0.4合（60g）
醤油…大さじ1/2
みりん…大さじ1/2
┌ 砂糖…1/2カップ強（70g）
│ 酒…大さじ2
│ 醤油…1/2カップ弱（90mℓ）
│ みりん…1/4カップ
│ だし汁（かつお節）…3カップ強
└ （650mℓ）

＜つくり方＞

1 米は一緒に洗い、ザルにあげて20分ほどおく。
2 **1**の米をボウルに入れ、醤油、みりんとひたひたになるように水（分量外）を加えて30分〜1時間浸しておく。
3 イカをよく洗い、足と内臓、軟骨をとり除く。
4 イカの胴の1/3程度まで**2**の米を詰め、爪楊枝でとめる。煮ると米が汁を吸い約2倍にふくらむので、入れすぎに注意する。
5 鍋に調味料とだし汁を入れ、**4**を並べて入れる。
6 落とし蓋をして中火で20〜30分煮る。煮汁はひたひた残る状態。
7 食べやすく輪切りにするとよい。

◎残ったイカの足はさっとゆでてぬたにしたり、その時期にとれるたけのこと合わせて煮物にするとよい。

撮影／長野陽一

＜材料＞5合分

米…5合
水…4.5カップ（900mℓ）
サンマ…2尾（300g）
醤油…1/3カップ強（70mℓ）
酒…1/2カップ
しょうが…70〜90g
ねぎ、山椒の葉などの彩り…好みで

＜つくり方＞

1 米を洗い、分量の水に30分以上つける。
2 しょうがはみじん切りにする。
3 炊飯器に1と醤油、酒、しょうがを入れ、サンマの腹を上にして丸く輪になるようにおいて炊く（写真①）。
4 炊き上がったらサンマをとり出し（写真②）、頭、骨、内臓をとり、身をほぐしてご飯に混ぜこむ。好みで彩りを散らす。

〈岐阜県〉

さんまご飯

内陸県の岐阜では、海の魚は行商人が運んでくる塩魚が貴重なものでした。さんまご飯は今は生さんまを使いますが、かつては貴重な塩さんまが1〜2尾でも家族で楽しむことができるご飯として親しまれてきました。飛騨地域の下《げ》呂《ろ》市萩原町では時季の終わりかけの大きい鮎（落ち鮎）で同様に「鮎ご飯」をつくります。

さんまの炊きこみご飯は美濃市などの中濃地域や飛騨地域では「さんまご飯」と呼び、恵那市や中津川市などの東濃地域では「さんまめし」「さよりめし」などと呼びました。東濃では昔から細長い魚全般を「さより」と呼んでいたのです。恵那市では11月に行なう山の神の祭りにさよりめしを供え、正月の尾頭つきの魚も塩さんまでした。

さんまは生か焼くか、丸ごと炊くかぶつ切りか、などつくり方は地域や家庭でさまざまです。ここで紹介するレシピは、腹を上にして炊くことで内臓がはぜずにご飯にさんまの旨みだけが移り、見た目も味もよく仕上がるといいます。

協力＝上田一江、別府憲子、小森正子
著作委員＝山根沙季

〈静岡県〉

ぼくめし

ぼくめしの「ぼく」はうなぎのこと。養鰻場《ようまん》で大きくなりすぎた太いうなぎが棒杭《ぼうぐい》（丸い木の杭）に似ていることからこう呼ばれました。かつての養鰻は露地で行なわれていたため、夏と初冬には池の水を抜いて水の入れ替え作業をしました。その際、土の中に潜っていて成長しすぎたうなぎは捕まえられ調理されて、作業員にふるまわれたのです。池の水を抜いて作業員全員でまかないとしてぼくめしを食べるのは、年中行事のようなものだったそうです。

浜名湖でうなぎ養殖が始まったのは明治24年、愛知県境に位置する湖西《こさい》市新居《あらい》地区でのことです。浜名湖や遠州灘《えんしゅうなだ》に面していることから、現在もしらす漁を中心とした漁業従事者が多く、のり養殖やかき養殖、養鰻業もさかんな地域です。40年ほど前までは天竜川沿岸から浜名湖には、天然のうなぎが生息し、直火焼きした白焼きをわさび醤油で食べたり、甘辛たれで煮て「かば焼き」にしたりして食べたそうです。

協力＝中村淑美
著作委員＝川上栄子

撮影／五十嵐公

＜材料＞ 5〜6人分

うるち米…4合
もち米…1合
水…5カップ（1ℓ）
ウナギ…2尾（正味600g）
ごぼう…2本（360g）
油…大さじ1
醤油、酒、砂糖…各1/2カップ
しその葉…10枚

＜つくり方＞

1 米を一緒に洗い、分量の水に30分つけてからややかために炊く。
2 ウナギは背開きにし、骨を除いて縦半分にし、2㎝幅に切る。
3 醤油、酒、砂糖を煮立て、ウナギを加えて約20分煮る（写真①）。
4 ごぼうはささがきにして油で炒め、3の煮汁を加えて10分煮る。
5 炊き上がったご飯にごぼうを混ぜ、次にウナギを混ぜる。ウナギはくずれやすいので、後から少しずつ混ぜること。
6 器に盛り、せん切りにしたしその葉を散らす。

◎生のウナギは煮ると臭いが出るのでごぼうを加える。

◎白焼きのウナギでつくってもよい。

撮影／五十嵐公

＜材料＞ 6人分

米…3合
水…3合（540mℓ）
天然のアユ…3〜4尾
酒…大さじ3
醤油…大さじ2
塩…小さじ1/4

＜つくり方＞

1 洗米して水（分量外）に30分浸し、ザルにあげて水をきる。
2 アユは洗って、網にはさんで遠火で焼く。
3 炊飯器に1と分量の水を入れて、酒、醤油、塩を混ぜ、上に2のアユをのせて炊く。
4 炊き上がったら、アユをとり出す。頭と骨を除き、身をほぐしてご飯と混ぜる。

焼き干しした稚アユを素揚げにした南蛮漬け。アユはさまざまに料理する

焼き干ししたアユ。だしに使うこともある

〈愛知県〉 鮎めし

県東部の奥三河地方の中央に位置する新城《しんしろ》市は、山間で海はありませんが、豊川をはじめとする清流が流れ、昔から川の恵みである川魚や川エビなどが豊富でした。鮎めしは、川で鮎がとれる初夏から夏にかけてつくる料理です。鮎をとるのは、伝統的な笠網漁のほか、友釣り、伏せ網、ひっかけなどの漁法があります。新城市は天然の鮎だけでなく養殖もさかんで、生産量は日本有数です。

ただし、鮎めしで使うのは天然ものです。天然の鮎は香魚《こうぎょ》とも呼ばれ、地元では養殖のそれとは味や香りがまったく違うといいます。焼いた鮎の香ばしさとうま味が移り、やわらかい鮎の身が混ざったご飯は、この季節ならではの味わいです。奥三河地方では鮎専門の料理屋もありますが、釣り好きな人は自分で釣って調理もします。家族の中に鮎釣り名人がいると、夏は天然の鮎がたくさん食べられます。食べ方はシンプルな塩焼きのほか、田楽、フライ、刺身、南蛮漬けなどがあります。

協力＝荻野紀子、柴田清美
著作委員＝野田雅子、近藤みゆき

鯛めし

〈愛知県〉

鯛は〝めでたい〟に通じ、おめでたいときにも鯛が釣れたときにもつくる、県の東の渥美半島、田原市の炊きこみご飯です。鯛は切り身ではなく、頭、しっぽなどもついたままの状態で炊きます。

渥美半島は三方を海に囲まれ古くから全国有数の漁場として知られています。三河湾や伊勢湾には木曽川、矢作《やはぎ》川、豊川などの大きな河川から豊富な栄養がもたらされます。三河湾や太平洋でとれる鯛はおいしく、三河湾に浮かぶ篠島では、鯛を特別に伊勢神宮に奉納するほどです。

農業が今ほどさかんになる前は、漁業を営む家が多くありました。今でも知り合いの漁師が玄関先にとれた魚をおいてくれることもあります。そんな新鮮な鯛が手に入ったらつくるご飯です。鯛は焼いたり煮たりもしますが、ご飯と炊くと鯛のだしが全体に広がり、また違うおいしさです。骨をとったり身をほぐしたりするのが大変ですが、家族からとても喜ばれます。

協力＝農村輝きネット・あつみ（中川美代子、福井佐和子）　著作委員＝野田雅子

＜材料＞ 6人分

米…3合
水…3カップ
頭付きのタイ…1尾
醤油…大さじ3
酒…大さじ3

タイはマダイ、写真のクロダイなどを使う

＜つくり方＞

1 タイのウロコ、内臓をとり、水で洗う。
2 洗米して分量の水に30分ほど浸す。
3 炊飯器に2の米、醤油、酒を入れて混ぜる。
4 1のタイを3の上にのせて炊く（写真①）。
5 炊き上がったら（写真②）、タイの頭、皮、骨、ヒレなどを丁寧にとり除き（写真③）、身をほぐして、ご飯と混ぜる（写真④）。

撮影／五十嵐公

〈三重県〉

たこめし

　鳥羽市では、離島や沿岸周辺で一年中たこ壺漁が行なわれ、たこはいつでも入手できる食材です。とくに冬は扇状に広げて串刺しにされた干しだこは風物詩となっています。たこめしは地元を離れた人には郷里を思い出すおふくろの味的な存在です。五目ご飯のように他の具も入れるたこめしもありますが、この地域では生だこのおいしさを生かすため、具はたこのみ。ただし生だこでつくるには水加減に経験が必要なので、慣れない場合はゆでだこを使うと失敗がありません。日常でもよく食べられ、学校給食でも出されています。

　鳥羽市は伊勢志摩国立公園の中にあり、リアス式海岸をもつことから、刺し網漁、一本釣り、採貝藻、たこ壺漁、海女漁などの沿岸漁業、わかめや真鯛、はまちなどの養殖業もさかんです。なお、三重県の海女は昭和24年には6000名以上いましたが、28年には700名強にまで減少し、そのうち3分の2弱が鳥羽市所属で、三重県の海女漁を支えています。

協力＝藪本治子、西村つや子、荒木淑子
著作委員＝成田美代

＜材料＞ 10人分

地ダコ（生）…700g
米…7合
水…6カップ（1200mℓ）
醤油…大さじ4
酒…3/4カップ
みりん…大さじ3
しょうがのしぼり汁…大さじ3
塩…小さじ1
あれば青ねぎ…適量

＜つくり方＞

1 米は洗ってザルにあげておく。
2 タコは内臓をとり除き、塩（分量外）で十分にもんでぬめりをとる。吸盤一つ一つに丁寧に塩をすりこんでぬめりをしぼり出すようにして（写真①）、水で洗い流す（写真②）。
3 2のタコは適当な大きさにぶつ切りにし（写真③）、塩以外の調味料、しょうがのしぼり汁を合わせた中に20分ほどつけこむ。
4 炊飯器に1の米、塩、3のタコのつけ汁を加えて上下かき混ぜ、水加減をする。
5 最後にタコを入れて、ざっくりかき混ぜて炊く（写真④）。
6 炊き上がったら（写真⑤）上下をよくかき混ぜ、器に盛る。青ねぎの小口切りを散らしてもよい。

◎生ダコはしょうがのしぼり汁を入れた調味液につけることで、生臭みを消すと同時に下味をつける。

①

②

③

④

⑤

撮影／長野陽一

〈滋賀県〉

あめのいおご飯

「あめのいお」とは、産卵のため琵琶湖から川を遡上してきたビワマスのこと。秋、大雨で増水した川を遡上していくため、雨の魚《うお》、あめのいおと呼ばれています。普段湖にいるビワマスは刺身や塩焼き、煮つけや天ぷらなどで食べることが多いですが、あめのいおは産卵期で脂が落ちてさっぱりしているため、炊きこみご飯にします。刺身や塩焼きなどに比べて手はかかりますが、油揚げの油と、ごぼうや椎茸の香りに魚のうま味が加わり、ひと口食べると口元がゆるむおいしさで、おかずがなくても何杯でも食べられます。

あめのいおご飯が食べられているのは、湖北の安曇《あど》川や石田川、知《ち》内《ない》川、姉川など琵琶湖に注ぐ大きな川の川筋です。秋にあめのいおが手に入るとうれしく、卵があるとさらに喜びが増したといいます。以前は大きな炊飯器にあめのいおを丸のまま入れて豪快に炊いており、台所からこのにおいがすると、待ち遠しくてお腹が鳴ったそうです。

協力＝橋本きくえ、駒井敏子、大岡あや子、幾田静子　著作委員＝石井裕子

撮影／長野陽一

＜材料＞ 4人分

米…3合
煮汁＋だし汁（昆布）…4カップ弱（790mℓ）

- ビワマス（切り身）…1尾分（320g）
- だし汁（昆布）…0.6カップ（120mℓ）
- うす口醤油…大さじ3と1/3
- 酒…大さじ1強
- みりん…大さじ1強

にんじん…1/5本（30g）
椎茸…4枚
油揚げ…1枚（20g）
ちくわ…1/2本（35g）
ごぼう…1/5本（35g）
葉ねぎ（小）…4本

＜つくり方＞

1 マスは皮をはぎ、骨をできるだけとり除く。
2 鍋にマスの身と、卵がある場合は卵も並べ、だし汁と調味料を加え、中火で4分煮てから、弱火にして2分煮る。
3 マスをザルにあげ、煮汁と分ける。マスの身は軽くほぐす。煮汁は冷ます。
4 にんじん、椎茸、油揚げ、ちくわはせん切りにする。ごぼうはささがきにして水にさらす。
5 炊飯器に洗った米と3の煮汁とだし汁を入れ、上にマスとにんじん、椎茸、油揚げ、ちくわ、ごぼうをのせて炊く。マスの魚卵がある場合は、蒸らしに入る前に加える。
6 茶碗に盛り、ねぎの小口切りを散らす。

撮影／高木あつ子

<材料> 4人分

米…3合
干しタコ…足3本（約24g）
だし汁（昆布とかつお節）
　…3カップ（600mℓ）
うす口醤油…大さじ3
酒・みりん…各大さじ1
三つ葉、白ごま、刻みのりなど…適量

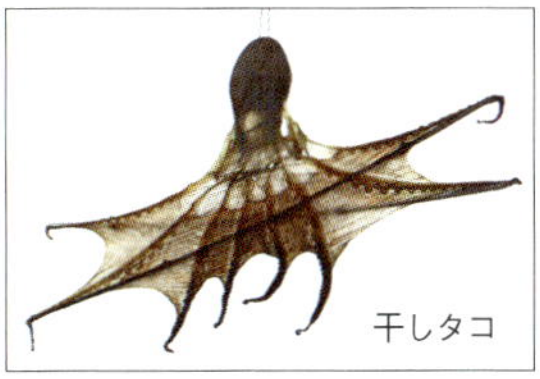

干しタコ

<つくり方>

1 米は洗ってザルにあげ、水けをきる。
2 干しタコはスルメを焼くように網で軽くあぶり（写真①）、料理ばさみで3mm幅程度に切る。
3 だし汁に調味料を合わせ、2の干しタコを加え、やわらかくなるまで戻す。
4 炊飯器に米と干しタコと調味液を入れ、炊く。
5 炊き上がったら好みで白ごまを混ぜたり、三つ葉や刻みのりを天盛りにしていただく。

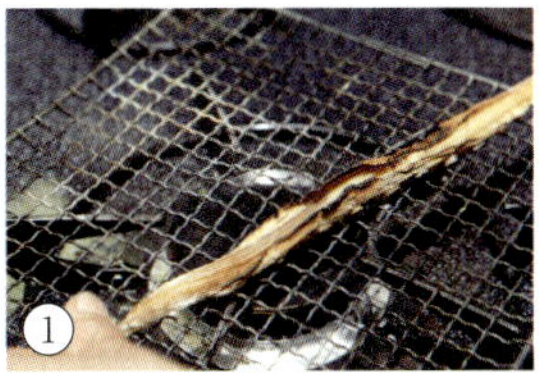

〈兵庫県〉

たこめし

明石海峡の速い潮流に抗って泳ぐため、「明石のたこは立って歩く」といわれるほど足が太く短く、身が引き締まり歯応えがよくなります。また、エサが豊富なので甘味が強いともいわれています。たこめしは生のたこやゆでたたこでもつくりますが、干したこはたこのうま味が濃く好まれます。また一年中楽しむことができます。

干したこは軽くあぶると香りが立ち、やわらかくなります。それを調味料につけることでたこが戻り、たこのうま味がご飯に移るのです。地元でとれるのりを散らせば、まさに明石のおふくろの味です。

夏になるとたこ漁も干したこづくりも最盛期を迎えます。干したこは、新鮮なたこの内臓やエラ、スミをとり、竹串をはめこみ天日干しにしたものです。干したこが風にゆれる姿はユーモラスで明石の夏の風物詩のひとつです。半生タイプ、一夜干しタイプなどもあり、軽くあぶって醤油や砂糖醤油などをつけ、酒の肴にしてもおいしいものです。

協力＝杉原千代子　著作委員＝中谷梢

せこめし

〈兵庫県〉

　せこがにはずわいがにのメスです。重さは150～300gで、600g～1kg以上にもなるオスよりも小さく、身は少ないのですが濃厚なうま味を持ち、オスとは違うおいしさです。ご飯に炊きこんだり、味噌汁にするとよいだしが出て香りも広がり、かにのおいしさを家族全員で堪能できます。

　兵庫県の北部、日本海に面する香住《かすみ》漁港は日本海有数の漁港で、ずわいがに（松葉がに）、せこがに、紅ずわいがに（香住がに。生の状態でも赤い）の漁獲量や漁獲金額が群を抜いています。そんな中で、せこがにの漁期は資源保護の見地から、11月6日から12月末の2カ月弱とごく短く設定されています。

　せこがにの魅力は、外子《そとこ》（産卵直前の成熟した赤い卵で、プチプチした食感）と甲羅の中にある内子《うちこ》（まだ卵になっていない未成熟卵で、チーズのような鮮橙色《せんとうしょく》のかたまり）と濃厚なかにみそにあります。オスがには高価ですが、地元では、せこがには季節には入手しやすく、冬場の楽しみになっています。

協力＝小柴勝昭、秋山芳子　著作委員＝片寄眞木子、原知子、本多佐知子

外子（卵）をたっぷり抱えたセコガニ

香住漁港でのベニズワイガニの水揚げ

＜材料＞ 4人分

セコガニ（生）…1～2杯
米…3合
水…3カップ弱（570mℓ）
うす口醤油…大さじ2
みりん…大さじ2

＜つくり方＞

【セコガニのさばき方】

1　外子（成熟卵）をはがす（写真①）。
2　腹部を包丁で半分に切り、足がついたまま甲羅からはがす（写真②）。
3　大まかに分割したところ（写真③）。腹の内側についているエラ（ガニ）は除き、汚れは洗う。
4　甲羅の内側の口を内側へ折る（写真④）と、きれいにとれる（写真⑤）。
5　外子の殻ははずす（写真⑥）。

【せこめしのつくり方】

6　洗った米に水と調味料を入れる。外子と足、甲羅からはずした内子（未成熟卵）、カニみそを入れて炊く。甲羅は入れない。
7　炊き上がったら（写真⑦）カニをとり出す（写真⑧）。外子、内子を全体に混ぜ、茶碗に盛り、足の半分をのせて供する。

◎セコガニの量を多くしすぎるとご飯がこずむ（芯ができる）ので注意する。

①

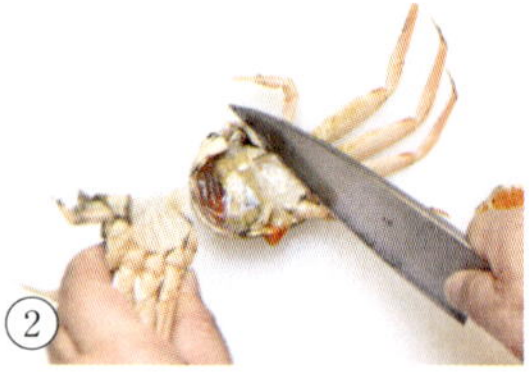

②

③

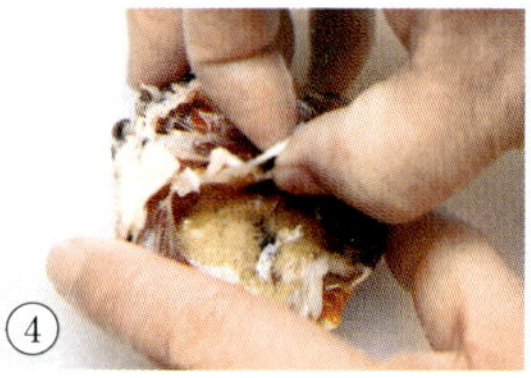

④

⑤

⑥

⑦

⑧

撮影／高木あつ子

〈兵庫県〉

焼きさばご飯

京都府に隣接した内陸部の丹波で、田植えのときに食べるごちそうです。焼きさばの香ばしさとうま味と、たけのこやふき、木の芽など季節の香りが合わさり、さわやかに食べることができます。田植えの頃には親戚や子どもたちも帰省してくるので、地域で五穀豊穣や家内安全を願う祭りが行なわれます。野菜や魚がたっぷり入ったご飯はそれだけで手伝いの人や客人へのふるまいになるので、田植えで忙しいときに便利なものでした。

丹波は米や黒大豆、大納言小豆や山の芋、栗などが特産です。かつては松茸狩りの里としてもにぎわいました。灘や西宮の酒造メーカーに納める酒米もつくり、二毛作でビール麦もつくるなど豊かな農業地帯ですが、海の魚は舞鶴から行商が持ってくる塩さばや焼きさばがごちそうでした。焼きさばは4月から5月中旬頃までの季節限定で、竹に挟んでワラでくくられた状態で持ってきたそうです。焼きさばご飯は田植えの重労働もねぎらわれる、春の味なのです。

協力＝岡田かよ子、篠倉元治・美智子、大木智津子、工藤恵子　著作委員＝本多佐知子

撮影／高木あつ子

＜材料＞ 8人分

米…4カップ
水…4カップ（800mℓ）
【具】
焼きサバ…1尾（300g）
たけのこ…1/2本（250g）
ふき…2本（150g）
にんじん…2/3本（100g）
油揚げ…1枚（35g）
こんにゃく…1/3枚（80g）
干し椎茸…5枚（10g）
みりん…大さじ3
うす口醤油…大さじ4
酒…大さじ2
木の芽…10枚

＜つくり方＞

1 米を洗い、水を加えて炊く。
2 焼きサバは頭と骨を除く。
3 たけのこは米のとぎ汁を加えてゆでてせん切り、ふきはゆでて皮をむき1cmの小口切りにする。
4 にんじん、油揚げ、こんにゃく、戻した干し椎茸はせん切りにする。
5 鍋に**3**、**4**と椎茸の戻し汁を入れ、ひたひたの水（分量外）を加えて煮る。沸騰したらアクをとる。
6 **5**に焼きサバをのせてみりん、醤油、酒を加え、汁けがなくなるまで煮る。サバをほぐす。
7 炊き上がったご飯の全体に**6**を混ぜる。
8 少し冷めたところに刻んだ木の芽を散らし混ぜる。もしくは器に盛ってから木の芽をのせる。

撮影／五十嵐公

＜材料＞ 6〜8人分

米…5合
水…5カップ（1ℓ）
さば缶（味付）…1缶（固形物145g、汁は使わない）
油揚げ（すし揚げ）…4枚
にんじん…1/3本（50g）
醤油…60mℓ
砂糖…小さじ1/2

＜つくり方＞

1 さば缶は汁けをきり、身はひと口大にほぐす。油揚げは短冊切りに にんじんはいちょう切りにする。
2 洗った米に1、醤油、砂糖を加え、浸水する。
3 炊飯し、炊き上がったらまんべんなくかき混ぜる。

〈奈良県〉

さば缶の炊きこみご飯

山添村は、県の北東部、三重県境に位置し、奈良盆地と伊賀盆地にはさまれた大和高原にあります。海からも川からも遠く鮮魚の流通が難しかった頃、家庭ではさば缶が常備されており、これを米と一緒に炊きこんだのがこのご飯で、季節を問わずつくられてきました。旨みのあるさばと煮汁がしみこんだご飯は、汁物さえあれば、おかずはいらないぐらいです。さば缶や魚介類（おもに干物）は、昔は上野（伊賀上野市）から行商が来た際に買いました。支払いは月極《つきぎ》めで、家の前に魚屋用のかごをおき、その中に帳面を入れておくと、行商の人が商品を入れてくれたそうです。

缶詰にはイカやまぐろフレークなどもあり、家庭料理には欠かせない食材でした。イカ缶はそのまま食べることが多く、まぐろフレークは肉の代わりに使われました。カレーやシチューの具にしたり、菜っ葉と一緒に炊いたりしたそうです。なかでもさば缶は味がついているので手軽で、今もこのご飯は日常的につくられています。

協力＝中山容子
著作委員＝喜多野宣子

〈和歌山県〉

かきまぜ

　紀伊半島北西部にある有田川《ありだがわ》町《ちょう》の中でも東に位置し海から遠い清水では、塩さばと、煮た根菜や油揚げ、高野豆腐などをご飯に混ぜ、かきまぜをつくります。今でこそ食べたいときにつくりますが、昔は刺身などは正月だけで、普段は塩さばがごちそう。その塩さばを使うかきまぜは、田植え休みや雨休み、みかんの収穫が終わった木おろしなどに食べるハレ食でした。

　かきまぜは、塩さばがあればあとは家にある野菜や乾物ででき、味噌汁を用意するだけでおいしく食べられます。食べるときは食卓の真ん中におひつをおき、それぞれ食べたいだけ茶碗によそいました。真夏は残ったものに酢をかけると腐敗防止になり、即席の混ぜずしのようだったそうです。

　呼び名やつくり方は地域で異なり、有田川町の西側、海に近い有田市ではおまぜと呼び、生さばを焼いて炊きこみます。漁業のさかんな御坊《ごぼう》市や由良《ゆら》町では新鮮な魚をたれにつけ、温かいご飯に混ぜたものを、おまぜと呼びます。

協力＝横岩史、上村順子
著作委員＝青山佐喜子

＜材料＞ 4人分

米…2.5合
水…2.5カップ（500mℓ）
塩サバ…1/3尾（130g〜150g）
【具】
大根…3cm（70g）
にんじん…1/2本（70g）
ごぼう…1/2本（100g）
椎茸…4枚（100g）
油揚げ…1枚（20g）
こんにゃく…1/2枚（150g）
高野豆腐…1/2個（8g）
砂糖…大さじ1と1/2
醤油…大さじ2
酒…大さじ1/2
みりん…大さじ1/2
だし汁（かつお節）…1/2カップ
油…小さじ2
紅しょうが…適量

＜つくり方＞

1 米を洗い1時間吸水させ、塩サバをのせて炊く（写真①）。
2 大根とにんじんは3〜5mm角で2〜3cm長さの拍子木切りにする。ごぼうはささがき、椎茸と油揚げは半分に切ってせん切りにする。下ゆでしたこんにゃくと、水で戻した高野豆腐は大根と同じ大きさに切る。
3 鍋に油をひき、高野豆腐以外の材料を入れて炒める。
4 3にだし汁と高野豆腐を加えて煮て、調味料を加えて味を調える。煮汁は全部煮つめず、少し残る程度にする。
5 ご飯が炊き上がったら塩サバをとり出し、骨を除き、皮をつけたまま身をほぐす。皮はおいしいのでとり除かなくてよい。
6 ご飯にほぐした塩サバと4の具を混ぜ合わせる。
7 好みで紅しょうがを混ぜるか、上に散らす。

◎塩サバを軽く焼いてからのせて炊いてもよい。皮が香ばしくなり、臭みもなくなる。
◎具の煮汁は少し入るくらいの方がご飯に味がしみる。

①

海沿い地域のおまぜ

　県中部、紀伊水道に面する御坊市や由良町では、ハマチやカツオなどの新鮮な生の魚の切り身を15〜20分たれにつけ、温かいご飯に混ぜる。たれは魚200gに対し、醤油大さじ2と1/3、酒とみりん各大さじ1と2/3、砂糖小さじ1/2。写真はハマチ。しその葉やみょうがを散らして食べる。たれに浸した魚は身がしまって歯ごたえがよく、食が進む。

撮影／高木あつ子

〈愛媛県〉

煮干しと揚げのご飯

瀬戸内海でとれるかたくちいわしからつくる煮干し（いりこ）と干し揚げを使った、カルシウムとたんぱく質がたっぷりとれるご飯です。全県でつくられていますが、このレシピは、中予地方の東温《とうおん》市のものです。

煮干しは安価で保存性があるので、さまざまな料理に使えます。干し揚げは豆腐を薄く切って水けをしぼり、油で揚げたもので、松山郊外の農家でつくられていました。保存がきき風味もよく、軍隊の物資として味噌汁や煮物に使われたそうです。

このご飯は炊飯の間に具を煮ておき、炊けたご飯に混ぜこむだけででき、時間も手間もかかりません。昭和30年頃は、祭りや法事、亥《い》の子《こ》（旧暦10月の最初の亥の日の祭り）など、人が集まるときにつくっていました。魚の旨みと揚げのコクが加わり、普段の白米めしよりも食も会話も進みます。今つくるのは、寄り合い、春と秋の井手《いで》（用水路）掃除のときぐらいです。おにぎりにしてもおいしく、皆が食べやすくなります。

協力＝川端ヒロ子、森咲子
著作委員＝香川実恵子

撮影／五十嵐公

＜材料＞ 4人分

米…2合
水…2.4合（430mℓ）
煮干し（小羽）…頭をとり除いて20g
干し揚げ*（からあげ）…1枚（20g）
醤油…大さじ2
砂糖…大さじ2強（20g）
塩…小さじ1/2（3g）
水…120mℓ

*豆腐を乾燥させて揚げたもので、からあげともいい、水分が少なく常温保存できる油揚げの一種。「松山あげ」などの名前で知られる。

＜つくり方＞

1 米は洗って水を入れ、約30分吸水後、普通に炊く。
2 干し揚げは幅4～5cmに切り、これを立ててさらに1cm幅に切る（写真①）。立てて切ると形が壊れにくい。
3 調味料と水を鍋に入れ、煮干しと干し揚げを入れて、沸騰後15分ほど煮る。煮汁が少し残る程度（写真②）。
4 炊き上がったご飯が温かいうちに、3の煮汁を軽くしぼって、具をご飯に入れて混ぜる。

①

②

おにぎりにする場合、しぼった煮汁を手水にする

撮影／高木あつ子

＜材料＞ 4人分

米…2カップ
水…2.4カップ（480mℓ）
【具】
鶏もも肉…50g
焼きアナゴ…4尾
ちくわ…1/2本
油揚げ…1/2枚
こんにゃく…1/3枚
ごぼう…1/4本（40g）
にんじん…1/4本（40g）
干し椎茸…2枚、干しエビ…20g
濃いめのだし汁…1カップ
醤油…大さじ3

刻みのり…適量

＜つくり方＞

1 米は洗って炊く。
2 鶏肉は小さく、ちくわは細かく切る。油揚げは油抜きをして細かく切る。こんにゃくは短冊に切る。ごぼうは小さくささがきにし、水にさらす。にんじんはせん切りにする。干し椎茸と干しエビは水で戻し、椎茸はせん切り、エビは半分に切る。それぞれ戻し汁はとっておく。
3 鍋に**2**、だし汁、戻し汁を材料がひたひたになるくらい入れて強火にかけ、沸騰したら弱火で煮る。鶏肉に火が通ったら醤油を加えて再び弱火で煮る。
4 **3**に味がついて煮汁がほぼなくなったら、**1**のご飯に小口切りにしたアナゴとともに混ぜ合わせる。器に盛り、刻みのりをのせる。

〈香川県〉

かき混ぜ

旬の野菜や魚介など濃いめに味をつけた具を、白いご飯に混ぜてつくる混ぜご飯です。「おまぜ」とも呼ばれており、小豆島町では、日常的にもつくられていますが、冠婚葬祭には欠かせない料理です。

瀬戸内海に浮かぶ小豆島は県内で一番大きな島です。温暖な気候で、変化に富んだ海岸線には多くの半島と入江があり、海と山の食材が手軽に手に入るため、かき混ぜにはたくさんの食材が入ります。かき混ぜのご飯そのものは薄味でも、具にしっかり味がついているのでおいしくいただけます。

近年はいつでも手に入る鶏肉を具に使うことが多いのですが、昔は焼きあなごやするめいかを使うことが多かったようです。食材に決まりはなく、季節によって変わります。具は濃い味つけで保存もきくので、多めにつくっておけば、炊きたてのご飯に混ぜるだけですぐにできます。秋にはさつまいものつるを使ったりと、島内でも地区ごとに特徴のあるかき混ぜがあります。

協力＝一田和美、木村かほる、余島智子
著作委員＝加藤みゆき

〈香川県〉

いりこめし

いりこめしは、瀬戸内海の特産であるいりこをだしとしてだけでなく、一緒に炊きこんで丸ごと食べる料理です。なかでも伊吹島《いぶきじま》は近海がよい漁場で、いりこの産地として有名です。とれたいわしは高速船で島の加工場へ運ばれ、すぐに「いりこ」に加工されます。

男性は漁に出て、女性は家庭の切り盛り（料理だけでなく野菜の栽培や山菜とりなども含めて）をし、さらにいわし漁のときには、いわしの加工と、大変忙しかったそうです。だから、いりこめしのようなご飯とおかずを一緒にした料理は、短い時間で簡単にできるので重宝され、日常食としてよくつくられていました。同じような料理に、冬場にとれるひゃっか（高菜の一種。まんば）と小えび、にんじんを醤油や砂糖で味つけして炊きたての白飯に混ぜた「菜めし」があり、これも島では昔からよく食べられていました。

いりこめしの具はとくに決まっておらず、ある野菜を入れれば、そのときどきの味が楽しめます。肉や魚介がなくてもできる手軽なご飯です。

協力＝勝田愛子、合田治栄、三好兼光
著作委員＝次田一代

＜材料＞ 5〜6人分

米…3合
水…3カップ（600mℓ）
いりこ…40g
ごぼう…1/2本（80g）
にんじん…1/2本（80g）
油揚げ…25g
醤油…大さじ2
みりん…大さじ2/3

＜つくり方＞

1 いりこは腹と頭を除き、身を割る。6cmほどの小さいいりこ（かえり）はそのまま使用する。
2 米は洗って、水に30分ほど浸したあと、1のいりこを入れる。
3 ごぼうはささがき、にんじんと油揚げは2cmくらいの短冊切りにする。
4 2に醤油、みりんを加え、その上に3の具をのせて炊く。

伊吹島を囲むように、海沿いにいりこの加工場がある

色がきれいで、背は少し丸く、全体にすっとのびているのが質のよいいりこ

菜めし。ゆでたひゃっか、にんじんを刻み、小エビと一緒にいりこのだしで煮て、醤油、砂糖で味をつけ、炊きたてのご飯に混ぜる

撮影／高木あつ子

〈高知県〉

いよめし

「いよ」は「うお」、つまり、魚の炊きこみご飯です。県西南部、かつお漁の母港である黒潮町佐賀(土佐佐賀)や、土佐清水市で今も生活の中に生きている伝統料理で、魚を尾頭つきで炊きこみます。

土佐佐賀では古くから冠婚葬祭や神祭《じんさい》(神社の祭り)、船おろし(進水式)などには大勢の客を招く習わしで、その夜は必ず「おきゃく」といわれる酒宴が催されます。宴会で出す皿鉢《さわち》料理づくりを手伝う人たちの昼のまかない食が、いよめしなのです。

魚をのせて炊くだけと、簡単で手間もいらず時間もかからず、それでいて魚のおいしさを満喫できます。魚を丸ごと炊きこむので生臭さが残るのではと懸念されますが、魔法にかけたかのようにすっと魚臭さが消えています。ねぎと酒と醤油のなせる業なのか、その配合の妙に昔の人の知恵がしのばれます。甘鯛を使ったり、あじやさばを混ぜることもありますが、いとよりが断然おいしく、大きいものの方がよりおいしくできます。

協力＝森田典子、岩目博子、土森正典、山﨑音子　著作委員＝小西文子、五藤泰子

撮影／長野陽一

＜材料＞ 4人分

米…3合(450g)
水…585mℓ(調味料も合わせ米重量の1.4倍)
イトヨリ…1尾(250g)
うす口醤油…大さじ2
酒…大さじ1
葉ねぎ…30g

＜つくり方＞

1 米を洗いザルにあげ、分量の水につける。
2 魚はウロコを残さないように丁寧に落とし、エラをとり除く。裏になる側の腹を開いて内臓をとり、背骨についている血や腎臓も除き、よく水洗いする。
3 魚の両面に2〜3カ所、包丁で切りこみを入れ、バットの上に重ねた平ザルで水けをよくきる。
4 1に醤油と酒を加え、水けをふいた魚をのせて炊飯する。
5 炊き上がったら魚をとり出し、骨や皮、小骨を除き、細かくほぐす。
6 ほぐした身と小口切りにしたねぎを手早く混ぜ合わせる。

◎魚の下に昆布を敷いて炊くと、ウロコが残っていてもご飯に混ざらず、昆布のだしもでる。大量調理では米の上にガーゼを広げその上に魚をのせると、ガーゼごと魚をとり出せる。

炊き上がり。魚が大きいため半分に切ったが、通常は1尾のままのせて炊く

〈熊本県〉

ひじきめし

ひじきめしは、ひじきや魚のすり身を揚げたてんぷらを入れた天草地域の混ぜご飯です。甘辛く煮た具を混ぜこむだけの手軽な料理ですが、にんじんやいんげんを入れると彩りもよく、おもてなし料理としてもふるまわれます。ひじきの磯の香りとてんぷらの旨み、甘辛い醤油の風味のバランスがよく、食が進みます。

周囲を海に囲まれた天草地域はさまざまな海産物がとれます。なかでも五和町《いつわまち》二江《ふたえ》地区はひじきやトサカノリなどの海藻類が豊富な場所で、3月頃になるとひじきが群生して海が茶色くなるほどです。以前は漁師がとった後に地元の人たちも残ったものをとりに行き、家で干して保存していました。

3月21日の弘法大師の命日に行なわれるお大師様のお祭りでは、お参りにきた人への接待としてひじきめしをつくります。子どもたちがお賽銭《さいせん》を持って家々を回ると、ひじきめしのおにぎりや皮が弾けた炒り豆「はじき豆」、よもぎもちをもらえて喜んでいたそうです。

協力＝川口美枝子
著作委員＝秋吉澄子

撮影／戸倉江里

＜材料＞ 7〜8人分

米…5合
水…5.5カップ（1100mℓ）
【具】
乾燥ひじき（芽ひじき）…13g
干し椎茸…6枚（13g）
てんぷら*…1/2枚（25g）
れんこん…1/3本（75g）
にんじん（中）…1本（90g）
さやいんげん…10本（70g）
椎茸の戻し汁…1と1/2カップ
うす口醤油…1/2カップ
酒…1/2カップ
砂糖…50g
みりん…1/4カップ
*魚のすり身を揚げたかまぼこ（さつま揚げ）のこと。

＜つくり方＞

1. ひじきと干し椎茸はそれぞれ水で戻す。椎茸の戻し汁はとっておく。
2. 干し椎茸、てんぷら、れんこん、にんじんは5mm角程度に細かく切る。
3. いんげんは、塩ゆでして小口切りにする。
4. 椎茸の戻し汁にひじき、椎茸、てんぷら、れんこんを加えて煮る。具材がやわらかくなったら、調味料を加え、煮汁がほとんどなくなるまで煮る。
5. 炊飯器に米とにんじん、水を入れて炊く。
6. 炊き上がったら、4の具といんげんを混ぜる。

〈福岡県〉

鯛めし

志賀島《しかのしま》は博多湾にある、砂州《さす》で陸続きになっている島で、北側は玄界灘に面しています。歴史のある古い漁師町で、豊かな海ではぶりや鯛をはじめ、いさきやあじがとれ、また、さざえやあわびをとる海士《あま》漁も行なわれており、年間を通して漁業がさかんです。市場には生きた魚を出荷し、自分たちは市場に出せない落ち魚（活け締めをする前に死んだ魚）を食べますが、落ち魚でさえ刺身で食べるほど新鮮な魚中心の食生活でした。

この地域で祝いのときによくつくられるのが鯛めしです。福岡県は天然真鯛の漁獲量が全国トップクラスで、とくに桜の咲く頃の鯛は産卵前で脂がのっておいしくなります。鯛は「めでたい（祝う、慶賀）」に通じ、誕生・結婚といった人生儀礼の節目の祝いに欠かせません。新鮮な鯛を一尾丸ごとのせて炊く鯛めしはおいしさもさることながら、めでたさ、豪快さが伝わります。代引きといって宴席の土産に持ち帰る鯛の浜焼き（尾頭つきの鯛の塩焼き）で鯛めしをつくることもあります。

著作委員＝松隈美紀

＜材料＞ 9号の土鍋1つ分

米…3カップ
煮汁＋水…3.6カップ（720mℓ）
塩…小さじ1/2（3g）
切り昆布…5g
【具】
タイ…1尾（800g）
塩…小さじ1/3（2g）
にんじん…1/3本（50g）
ごぼう…1/5本（30g）
酒、みりん、醤油…各大さじ2と2/3
砂糖…大さじ1強（10g）
水…1/2カップ
木の芽…5枚

＜つくり方＞

1 米は30分ほど前に洗い、ザルにあげる。
2 タイはウロコ、エラ、内臓をとり水洗いする。
3 姿をきれいに仕上げるため、両面に1本大きく切り目を入れ皮が破れるのを防ぐ。ヒレがぴんと立つように、背ビレは開いた状態で竹串を刺す。胸ビレは少しさいてエラ蓋に差しこむと（写真①、②）、残った部分がきれいに立つ（写真③）。
4 塩をふり20分おき、200℃に温めたオーブンで10〜15分焼く。中まで火を通す必要はなく、表面が軽くきつね色になればよい。
5 にんじん、ごぼうを粗みじんに切り、調味料と分量の水を加えて20分程度煮る。
6 5をこし、その煮汁と水を合わせて720mℓにし、塩、切り昆布を加える。
7 土鍋に米と6を入れ、5の具と焼いたタイをのせる（写真④）。蓋をして沸騰するまで強火、沸騰したら蓋を一度開け、再度蓋をして弱火で10〜12分、火を止めて15分蒸らす。
8 タイの身をほぐしてご飯と混ぜ、木の芽を飾る。

◎炊飯時にいったん蓋を開けるのは温度を下げるため。そのまま炊くと吹きこぼれて焦げや芯ができたりする。

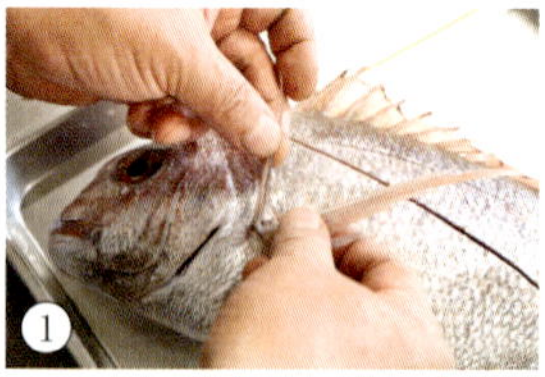

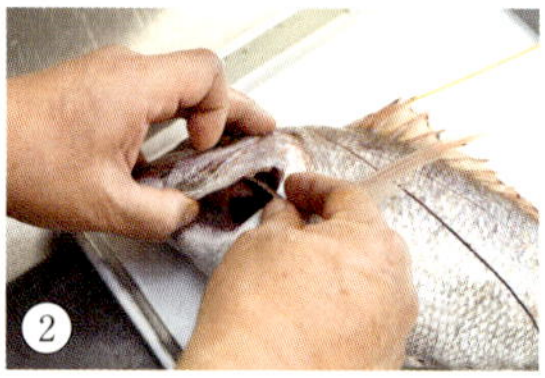

木の芽は小葉に分けて散らすと、花びらのようできれいな仕上がりになる

撮影／長野陽一

〈鹿児島県〉

かけ混ぜめし

東シナ海に浮かぶ甑島《こしきしま》には高校がなく、子どもたちは中学校を卒業すると親元を離れて「島立ち」し、その後も郷里を離れる人が少なくありません。里帰りした際には、砂糖を多めに使い、具がたっぷり入った混ぜご飯でもてなします。

甑島は上甑《かみこしき》島、中甑《なかこしき》島、下甑《しもこしき》島の3島が連なっており、混ぜご飯の材料や味つけは地域や家庭で異なります。上甑島ではかけ混ぜめしといって、まんば（ソウダガツオの一種のヒラソウダ）をゆでてから焼いたあぶり魚をだしとして使う家庭が多く、漁師の家庭では「びな」と呼ばれる巻き貝を入れ、コリコリした歯ごたえと貝の旨みを楽しみます。下甑島では「すす」と呼ばれる田舎ずし（混ぜすし）や、地域によっては寒のりのすし、あおさ入りのおさずし、ふだん草のすしをつくり、いずれもあぶり魚を用います。自給自足の厳しい自然条件の下、土地にあるものを上手に使う創意工夫、「ない」中から生活の豊かさを生み出してきた島の人々の知恵がみられます。

協力＝東てるみ、純浦ふで子、山内千和子、中園好子　著作委員＝森中房枝

＜材料＞ 4人分

米…2合
水…2カップ（400mℓ。米容量の1.1倍か重量の1.3倍）
【具】
びな*…60g（正味）
にんじん…1/8本（40g）
たけのこ…1/4個（40g）
ごぼう…5cm（20g）
干し椎茸…2個（4g）
干し大根…8g
さつま揚げ（つけあげ）…1枚（40g）
かまぼこ…1/3本（60g）
水…3/4カップ
酒、みりん…各大さじ1
砂糖…大さじ2（好みで調整）
うす口醤油…大さじ1と1/2
濃口醤油…大さじ1/2
塩…小さじ1/2～2/3
卵…1個
塩…少々
さやいんげん…2本（15g）

*小さい貝がびな、大きい貝はたかじ。たかじはかたいので、かけ混ぜめしには向かない

＜つくり方＞

1 米は洗ってザルにあげて水をきり、少しかために炊く。
2 びなは、海水か3％程度の塩水で沸騰するまでゆでる。ゆで上がったらザルにあげ、身をとり出して粗く切る。
3 にんじんとたけのこは小さめのせん切りか短冊に切り、ごぼうはささがきにして水につけアクを抜く。
4 干し椎茸、干し大根はそれぞれ戻し、小さめのせん切りか短冊に切る。
5 さつま揚げとかまぼこも小さめの短冊に切る。
6 鍋に分量の水と**3**、**4**を入れて煮て、火が通ったら調味料を加えてさらに煮る。**5**のさつま揚げとかまぼこ、**2**のびな（飾り分を少し残す）を加えて、汁けがなくなるまで煮る。
7 薄焼き卵をつくり、小さく四角に切る。さやいんげんはゆでて2～3mmの小口切りにする。
8 炊き上がったご飯を飯台に入れてほぐし、**6**の具を混ぜ合わせる。
9 器に盛り、**7**の卵、さやいんげん、**6**で残したびなを上に散らす。

下甑島でつくられている「すす」。ほぐしたあぶり魚と細かく切った干し椎茸、にんじん、ごぼう、かまぼこなどを煮てご飯に混ぜる。合わせ酢を入れる家庭も多い

撮影／長野陽一

本書で登場する
油揚げ

この本では油揚げを使ったご飯が21品出てきます。
油揚げは豆腐を薄く切り二度揚げした大豆の加工品で、
大きさや形、厚さなどは、地域で異なります。
なかでも特徴的なものをとりあげてみました。

撮影／高木あつ子

すし揚げ

関西で使われている正方形の油揚げ。大きさは一般の油揚げの半分程度。斜め半分に切っていなりずしに使うのでこう呼ぶ。（10cm×10cm×厚さ1.6cm）

→p29奈良県のさば缶の炊きこみご飯

三角揚げ

鳥取県の「いただき」で使う三角形の豆腐を揚げた油揚げ。中に米や具が詰められるように薄い。三角形の油揚げは各地にあるが、厚いものが多い。（11cm×14cm×18cm×厚さ1.5cm）

→p66鳥取県のいただき

油揚げ

福井県の「油揚げ」は厚いものと薄いものがあり、煮物には厚いもの、汁には薄いものというように料理によって使い分ける。写真は厚いもの。（14cm×13cm×厚さ2cm）

→p53福井県のあぶらげご飯

干し揚げ

愛媛県で使われる。普通の油揚げと違い常温保存できるのは、豆腐を一般の油揚げより薄く切り、水分をしっかり除いて揚げるため。手で割れるぐらいもろい。（15cm×10cm×厚さ1cm）

→p32愛媛県の煮干しと揚げのご飯、p73愛媛県のおもぶり

野菜・山菜・豆・肉のご飯

山菜やたけのこ、むかごや栗など季節のものを入れたご飯は、薄めの味つけで食材の色や食感、風味を引き立てます。具だくさんのご飯ではにんじんやごぼうに油揚げや鶏肉がうま味を加えます。大豆や小豆、そら豆入りのご飯もあります。

撮影／高木あつ子

＜材料＞ 4人分

米…4合
煮汁＋水…4.5カップ（900mℓ）
【具】
いのはな（乾燥）…10g
にんじん…1/2本（70g）
ごぼう…1/4本（50g）
油揚げ…2枚（30g）

酒…大さじ3
醤油…大さじ2
砂糖…大さじ1
みりん…大さじ1
塩…少々
水＋いのはなの戻し汁
…2と1/4カップ

＜つくり方＞

1 米は洗い、水をきってザルにあげ、30分ほどおく。
2 いのはなはたっぷりの水につけて20分程度戻す。にんじんはせん切り、ごぼうはささがきにする。油揚げは油抜きし、細切りにする。
3 2の材料を調味料と水、いのはなの戻し汁でにんじんに火が通るまで煮る。ザルにあげて煮汁と分ける。
4 炊飯器に米、3の煮汁と水、具を入れ、混ぜ合わせて炊く。

いのはな（香茸）を乾燥させたもの

〈宮城県〉

いのはなご飯

県北東部の山間地、登米《とめ》市《し》東和《とうわ》町《ちょう》で食べられている香茸《こうたけ》というきのこを炊きこんだご飯です。形が猪《いのしし》の鼻に似ていることから、地元では「いのはな」と呼ばれています。

いのはなは、きのこ狩りの名人でも毎年とれるわけではないというほどめったに手に入らない貴重な食材です。とれたら乾燥させて保存しておき、法事や家族が大勢集まるときに、とっておきのごちそうとして炊きこみご飯を出します。香茸という字のとおり香りが強いため、山に行くとこの香りで生えている場所がわかるといいます。乾燥させるとさらに香りが増し、米と一緒に炊くと、たまり醤油のような香ばしいにおいが部屋中に広がります。

以前は、生のいのはなを天ぷらやホイル焼きなどに調理して食べることもありましたが、3・11の原発事故後、放射性セシウムが検出され、出荷制限されたことで、出回る量が減り、生のものも乾燥のものもなかなか食べられなくなりました。

協力＝佐藤律子、渡邊てる子、増子裕子
著作委員＝矢島由佳、高澤まき子

〈山形県〉

月山《がっさん》筍《だけ》ご飯

庄内鶴岡では、月山《がっさん》周辺でとれたネマガリタケを「月山筍」と呼びます。直径1～2㎝、長さ15～20㎝の細長いたけのこで、6月の雪解けの頃から標高1000mほどの高地に群生します。月山は山岳信仰の場である出羽三山《でわさんざん》の一つで、この山の恵みを受けた月山筍は昔から珍重されてきました。

ネマガリタケは地下茎が深いと地表に出るまでに成長しすぎてえぐみが出ますが、月山では10～15㎝の浅いところに地下茎が張るので、一番おいしいときに顔を出します。そのためアクが少なく独特の風味と甘味があり、ご飯に入れるとふっくらとしたご飯の中にたけのこの香りがにおいたちます。そのやわらかく、歯触りのよいシャキシャキとした食感と粘りのあるご飯との調和が、何ともいえないおいしさを醸し出します。皮をつけたまま焼いたり、粕仕立ての味噌汁や天ぷらにしてもおいしいものです。出羽三山の参拝者にふるまわれる精進料理の材料でもあり、瓶詰めなどにして一年中利用します。

協力＝斎藤恵子、五十嵐あさ子
著作委員＝佐藤恵美子

撮影／長野陽一

＜材料＞5人分

米…3カップ
煮汁＋水
　…約3.5カップ(700mℓ弱)
酒…大さじ1と1/2
塩…小さじ1/2
【具】
月山筍（ネマガリタケ）
　…8～10本（80～100g）
薄揚げ(油揚げ)…1枚（40g）
だし汁（昆布）
┌水…1.5カップ(300mℓ)
└昆布…10×8㎝1枚（10g）
みりん…大さじ1
醤油…大さじ1と1/2
さやえんどう…4枚（30g）

＜つくり方＞

1 米を洗いザルにあげる。
2 月山筍は皮をむき、水から10～15分、根元がやわらかくなるまでゆでてとり出す。根元に十文字に2㎝ほどの切りこみを入れ、食べやすい大きさに斜め切りにする。穂先は5～6㎝長さに切る。
3 薄揚げは油抜きし、せん切りにする。
4 だし汁にみりん、醤油を加えて**2**と**3**を煮る。5分ほど煮てたけのこに味がついたら薄揚げと一緒にとり出す。
5 **4**の煮汁に酒と塩、水を加え、合わせて720mℓにして米を炊く。
6 炊き上がったら、たけのこと薄揚げをのせて、15分ほど蒸らす。
7 ご飯の上に穂先を盛りつけ、ゆでて斜めせん切りにしたさやえんどうを彩りに添える。季節により木の芽やグリーンピースを飾ってもよい。

◎たけのこと調味料を一緒に炊きこむ方法もあるが、このレシピのようにたけのこを別に煮て、あとで混ぜると、たけのこ風味のご飯と、味のしみたたけのこの両方が楽しめる。

〈山形県〉

うこぎご飯

うこぎはウコギ科の落葉低木で、その新芽をゆでて刻み、塩味のご飯に混ぜます。米沢では雪が消える春先になると、うこぎの垣根から4～5cmに伸びた新芽を摘む姿が見られます。ほろ苦いうこぎを食べるとようやく春を迎えられたとうれしくなります。

うこぎは上杉家9代目藩主である鷹山《ようざん》公が、防犯と食用の目的で各家庭に植栽を奨励したといわれています。枝の棘《とげ》はバラ線の役目をもち、春先に出る新芽は食料となります。こまめに摘むと芽が次々と出て秋まで摘めますが、おいしいのは芽吹きから初夏までの葉がやわらかい時期です。

噛みしめると最初は苦味を感じ、あとに爽快な芳香が広がり、その独特な香りとほろ苦さを当地では「きどい」と表現します。その味はご飯に混ぜると緩和され、子どもにも好まれます。うこぎは天ぷらや切り和え（ゆでて焼き味噌と一緒に細かく刻む）にしてもおいしく、好む人はおひたしなどにしてたっぷりいただきます。

協力＝松本時子、神保道子
著作委員＝齋藤寛子

撮影／長野陽一

＜材料＞ 4人分

米…2合
水…2.2カップ（440mℓ）
塩…小さじ1弱（4g）
酒…大さじ1
うこぎの新芽…片手に山盛り程度
　（約10g。好みの量で調節）

＜つくり方＞

1 米は洗って分量の水に浸し、塩と酒を入れて炊く。
2 うこぎは塩少々（分量外）を入れた湯で色よくゆで、すぐに冷水にとり色止めする。
3 うこぎの水けをしぼり、細かいみじん切りにし、さらにきつく水けをしぼる。
4 炊き上がったご飯と3のうこぎを混ぜ合わせる。

◎混ぜて保温しておくと色が悪くなるので、食べる直前に混ぜ合わせるか、おひつに移す。

米沢市では垣根にうこぎが植えられており、自宅になければ近所の垣根から摘ませてもらう。現在もそのような慣習が残っている（かたい葉をよけやわらかい葉を摘む様子はp43の写真参照）

撮影／五十嵐公

＜材料＞ 4人分

米…2合
水…2.4カップ（480㎖）
むかご…100g
酒…大さじ1
塩…小さじ1/2

むかごは塩ゆでにしておやつにしたり、串に刺して天ぷらにしたり、甘辛い味噌で田楽にして食べる

＜つくり方＞

1 むかごはよく洗い、1時間ほど水につけアクを抜く。
2 米を洗って水に浸し、炊く直前にむかご、酒、塩を入れて炊く。
3 炊き上がったら（写真①）、むかごを傷つけないように静かに混ぜる。

①

〈茨城県〉

むかごめし

茨城県は栗やさつまいもの産地なので、栗ご飯、いもご飯がよく出ます。むかごは、長芋や自然薯などのヤマノイモ属のつるの葉のつけ根あたりにたくさんつく指の先大の丸い実（肉芽）で、むかごめしもいもご飯の一種といえます。

県北のひたちなか市勝田地区の北部は畑作地帯で、昭和30年頃までは、陸稲、大麦、小麦、大豆、さつまいもなどが作物でした。ヤマノイモも栽培されており、そのむかごで秋には必ず1回以上つくる炊きこみ飯でした。当時の食事は麦飯《ばくめし》、お汁（煮干しが入った味噌汁）、おこうこ（漬物）が基本で、朝《あさ》飯《はん》、昼飯《ひるはん》にはこれに納豆や醤《ひしお》がつきました。むかごめしは、おもに夕飯に食べるもので、むかごのほくほくした食感がおいしいご飯でした。今は日本一の「干し芋」生産地のため、さつまいもの作付けが増加し、そのあおりを受けてヤマノイモは減少しています。そのため、最近はむかごはスーパーでは見かけず、地元の直売所でしか入手できなくなりました。

協力＝ひたちなか市食生活改善推進員連絡協議会　著作委員＝渡辺敦子

かてめし

〈埼玉県〉

日高・鶴ヶ島地域の農村の代表的な料理で、細かく切った根菜類や椎茸などを醤油で味つけし、炊きたてのご飯に混ぜたものです。具はとくに決まっていないので、人寄せのときには身近な食材で簡単につくれました。

今は日常的に食べていますが、戦前はごちそうとされていました。2月に行なわれる、学問の神様・菅原道真の命日にちなんだ天神講は子どもの行事で、この地域ではかてめしをよくつくったそうです。今でも、日高市高麗川《こまがわ》地区では、1月の終わりに子どもたちを公民館などに集め、お囃子などを楽しみ、健やかな成長と学業成就を願う行事があります。

埼玉県は海なし県なので、野菜やきのこ、こんにゃくなど植物性食品を中心に、魚はちくわなどの加工品を使って旨みを出します。ちくわの代わりに、鶏肉を入れるとさらにごちそうになります。また、かんぴょうの代わりにこの地域でよくとれる芋がら(ずいき)を使うこともあるそうです。

協力＝日高市食生活改善推進員協議会
著作委員＝木村靖子

＜材料＞ 4人分

- 米…2カップ(320g)
- 水…2.4カップ(480mℓ)
- 酒…大さじ2

【具】

- にんじん…1/2本(80g)
- ごぼう…1/2本(80g)
- 干し椎茸…1枚(2g)
- かんぴょう…6g(1.5本)
- こんにゃく…30g
- ちくわ…1本(30g)
- さやえんどう…3枚(10g)
- だし汁…1/2カップ
- 醤油…大さじ1
- 砂糖…小さじ2
- 酒…小さじ2

＜つくり方＞

1. 米は洗って浸水し、酒を加えて炊く。
2. 干し椎茸、かんぴょうはそれぞれ水につけて戻す。5mm角に切る。
3. にんじんは2cm長さのせん切りにする。ごぼうはささがきにし、酢水に10分つけてアクを抜く。こんにゃくは下ゆでをしてアクを抜き、2cm長さのせん切りにする。ちくわは薄いいちょう切りにする。
4. **2**、**3**の材料をだし汁で中火で5分ほど煮る。醤油、砂糖、酒を加えて味つけし、煮汁がほぼなくなるまで煮つめる。
5. さやえんどうは塩ゆでして、せん切りする。
6. 炊き上がったご飯に、**4**の具を全体に混ぜ合わせる。器に盛り、さやえんどうを飾る。

撮影／長野陽一

〈栃木県〉

五目めし

五目めしは夏の祇園祭や秋の山の神様のお祭り、また折々の農作業の節目や何か祝いごとがあるたびによくつくられたご飯です。「今日は山の神様のお祝いだから五目めしをつくる」と母親がいうと、とても楽しみだったそうです。

具材はかんぴょう、椎茸、にんじん、ごぼう、油揚げが一般的です。かつては貴重だったかんぴょうが入った五目めしはたいそうなごちそうで、甘辛く味がしみたかんぴょうがたっぷり混ざったご飯を卵や紅しょうが、季節の青菜などで飾ると見た目にも華やかで、農作業で疲れた体も癒されました。

栃木県はかんぴょうの全国生産量の98%を占める大産地で、主に県南・県央地区の壬生《みぶ》町、下野《しもつけ》市、小山《おやま》市などで生産されます。産地でないところではかんぴょうは買うもので、かんぴょうが買えないときにはいもがらを戻して煮てから加えたそうです。ただ、いもがらだとご飯が黒っぽくなってしまい、おいしそうではなかったといいます。

協力＝大越歌子
著作委員＝藤田睦、名倉秀子

撮影／五十嵐公

<材料> 4人分

米…2合
水…2カップ(400mℓ)
かんぴょう…6〜7本(25g。戻して約150g)
干し椎茸…中3枚
油揚げ…1枚
にんじん…1/3本(50g)
ごぼう…約10cm(25g)
A ┌ だし汁…1と3/4カップ
│ 砂糖…大さじ3
│ 醤油…大さじ2
│ 酒…大さじ4
└ みりん…大さじ1強
菜の花…5茎(100g)(またはさやえんどう5枚)
錦糸卵…卵1個分
紅しょうが…適量

①

<つくり方>

1 米は洗って水に浸して30分おき、ややかために炊く。
2 かんぴょうは水になじませながら丁寧に洗い、その後、塩(大さじ1くらい)を加えてよくもむ。塩分を洗い流し、水に戻す。1cm長さに切る。
3 水で戻した椎茸と油抜きした油揚げをせん切りにする。にんじん、ごぼうはささがきにし、ごぼうは水にさらしアク抜きをする。
4 鍋にAと**2**と**3**を入れる。水分が少なくなり、材料がやわらかくなるまで中火から弱火で煮る。
5 菜の花はゆでて食べやすい大きさに切っておく。
6 炊き上がったご飯に**4**をのせ5分蒸らし、全体を混ぜ合わせて器に盛る(写真①)。錦糸卵、菜の花、せん切りにした紅しょうがを飾る。好みで刻みのりを散らしてもよい。

〈神奈川県〉栗ご飯

撮影／五十嵐公

＜材料＞4人分

米…2カップ
栗のゆで汁＋水…2.4カップ（480mℓ。米容量の1.2倍）
栗（鬼皮つき）…200〜300g
塩…小さじ1弱

＜つくり方＞

1 米を洗い、水をきる。
2 栗の鬼皮をむく。渋皮はむかなくてよい。
3 **2**の栗をすり鉢に入れ、水（分量外）を少し加え、ガラガラとこすりつけるようにして、渋皮の表面をこそげとる。水がにごらなくなるまでこれを繰り返し、洗い流す。
4 栗にかぶるくらいの水を加えて5〜10分ゆでる。
5 米に、**4**のゆで汁1カップ程度と水、塩を加えて混ぜ、ゆで栗をのせて炊き上げる。

栗ご飯というと、一般的には栗の鬼皮と渋皮をむいて使いますが、津久井地域では渋皮をむかずに、つけたままご飯に炊きこみます。かたい鬼皮だけをむいたら、すり鉢で少量の水と一緒にこすり、これを下ゆでして使うのです。

山梨県との県境にある津久井地域は平野が少ない畑作地域で、畑では陸稲と、その裏作で小麦を栽培していました。昭和40年に県の園芸試験場の試験地が津久井にでき栗の試験研究が始まると、地域に栗栽培が広がり、栗の木がたくさん植えられました。大きな栗は出荷用で、小さい栗や虫食いは家庭で消費しますが、小さい栗を包丁で渋皮までむくと実の量が目減りします。そこで、栗ご飯にするときは包丁を使わずに、すり鉢でこそげるようにしたそうです。

渋皮はついているのに渋みはなく、むしろ栗から旨みが逃げないので風味豊かな栗ご飯ができあがります。渋のおかげで色合いも赤っぽく、きれいです。

協力＝大神田貞子、大神田澄子
著作委員＝櫻井美代子

菊ご飯

〈新潟県〉

炊き上がったご飯に生の菊をたっぷり加え、全体によく混ぜてから蒸らします。やがて漂い始める菊の香りがごちそうで、新米を炊いて菊ご飯をつくると秋が来たと感じるのです。かつてはかまどで大勢の家族分のご飯が炊けたところに菊を加えたので、菊と炊きたてご飯の香りが家中に広がりました。薄めの醤油味のご飯にほろ苦い菊の味が加わり、シンプルですが食が進みます。ここにもうひとつの秋の味、くるみを加えるとコクが増します。くるみの油けで菊が混ぜやすくなるという人もいます。

新潟県の食用菊は黄色いものもありますが、鮮やかな紫色の「かきのもと」が広く親しまれています。今も庭先や畑の片隅で自家用として栽培する人もいます。食用菊は生のものは乾燥しないように袋に入れて冷蔵庫で保存するほかに、さっとゆでて冷凍保存します。最近では生の菊と酢少々を混ぜて冷凍する簡単な方法も広がっています。これだと生に近い状態で正月頃まで使うことができます。

協力＝齊藤知鼓
著作委員＝立山千草

撮影／高木あつ子

<材料> 4人分

米…2合
水(または昆布のだし汁)
…1.75カップ(350mℓ)
酒…大さじ1
醤油…大さじ2
くるみ…20g
食用菊（かきのもと）*…100g
三つ葉…1/2束

*生、または冷凍でもよい。冷凍保存する場合は生の食用菊100gあたりおよそ大さじ1の酢を加えて混ぜ、できるだけ空気を抜いて密閉し冷凍する。

<つくり方>

1 米を洗い、水(分量外)に30分浸水した後、水けをきる。
2 くるみはフライパンで炒り、すりこぎなどでついて砕く。
3 食用菊は花びらをとり、さっと洗った後、余分な水分はペーパータオルでとり除く。
4 炊飯器に米、くるみ、水と調味料を加えて炊く。
5 炊き上がる直前に、食用菊を生のまま入れて混ぜ(写真①、②)、蒸らす。
6 好みで、ゆがいて2cm長さに切った三つ葉を散らす。

〈福井県〉あぶらげご飯

撮影／長野陽一

＜材料＞ 4人分

米…2合
水…2カップ（400mℓ）
油揚げ（厚揚げ）…200g
A ┌ 醤油…大さじ3
　 │ 砂糖…小さじ1/3
　 └ 酒…大さじ1
大根おろし…100g
青ねぎ…20g
醤油…適量

＜つくり方＞

1 米は洗って浸水する。
2 油揚げはさいの目に切る。
3 米にAと油揚げを加えて炊く。
4 茶碗によそい、大根おろし、刻んだねぎをのせて醤油をかけて食べる。

他県では厚揚げと呼ばれるような分厚い「油揚げ」を炊きこんだご飯です。大きなさいの目切りにした油揚げは存在感たっぷり。油がなじんだご飯は寒くなる季節に好まれたようです。コクがありますが、大根おろしとねぎでさっぱりして、お茶漬けを食べるようにサラサラと食べることができます。

日本調理科学会が実施し、全国で2万5千人から回答を得た調査では、福井県は春祭りや秋祭りを経験している人の割合が全国平均より高くなっています。これは米づくりを大切にする文化が根づいているからでしょうか。すしやもち、炊きこみご飯など祭りの際につくる米のごちそうをおすそ分けしあう頻度も多くなっています。そのごちそうには油揚げがよく使われました。また法事や報恩講《ほうおんこう》といった仏教行事でも精進の食材として油揚げは重要でした。報恩講では、食事とは別に大きな油揚げが用意されるので、参列者は家へのお土産として持って帰りました。

協力＝高島純子、水野よし江、野村邦子、増永初美　著作委員＝佐藤真実

撮影／高木あつ子

＜材料＞ 4人分

米…2合
水…2.4カップ（480mℓ）
じゃがいも…1〜2個（約150g）
塩…好みで少々

＜つくり方＞

1 じゃがいもを7〜8mmの角切りにして水にさらす。
2 洗った米といもを合わせ、好みで塩を入れて炊く。

◎水は普通に米を炊く場合と同じ量でよい。じゃがいも用に増やさない。

いもめしの炊き上がり

いもめし
〈山梨県〉

山中湖村長池地区で、日常的につくられていたじゃがいも入りのご飯です。かてめし（具入りのご飯）には野菜や油揚げが入っているものがありますが、じゃがいもだけというのは珍しいでしょう。

県東南部に位置する山中湖村は、西に富士山がそびえる高原地帯です。土地は火山灰地で水はけがよいため、畑には向いていますが、水田には向きません。稲作ができる地域が限られており、長らく米が貴重だったため、ご飯代わりに畑でとれるいもやとうもろこしを常食にしていました。炊飯の際には、米に色が似ているじゃがいもを小さく切って一緒に炊いて増量したのです。

ご飯を炊くのは朝だけ。夕食の後、明日の朝のご飯に入れるじゃがいもをまな板の上で切り刻む音が各家庭から聞こえていたといいます。昔はこのレシピで4人分でしたが、今はおかずが多いので5〜6人分に相当します。じゃがいもが入るとご飯と違った甘味が加わり、今の人にはかえって新鮮に感じられるかもしれません。

協力＝羽田正江　著作委員＝阿部芳子

〈岐阜県〉
かきまわし

「かきまわし」とは岐阜の方言で、炊きこみご飯、混ぜご飯という意味です。瑞穂市、本巣《もとす》市、山県《やまがた》市などの濃尾平野の北西地域で食べられています。ここでは聞き書きに基づいて、混ぜご飯のつくり方を紹介しました。かつてクド（かまど）を使ってご飯を炊いていたときには、炊きこみご飯は焦げやすいものでした。それに対して具材に味をつけて白飯に混ぜる混ぜご飯は、失敗せずにつくることができる便利な調理法だったそうです。具材は味を濃くしているので、他におかずはいらず、かきまわしと汁だけあればよかったといいます。ちょっとしたごちそうとしてハレの日に食べられており、正月や盆以外にも誕生日や子ども会などで出されることもありました。

具材はにんじんやごぼう、干し椎茸といった植物性食材が一般的で、動物性食材として鶏肉などが入ります。また、四季によって旬の食材が活用され、春はさやえんどうやえんどう豆、秋はきのこなど、季節を感じとることもできます。

協力＝髙橋恵子、後藤きみ子、寺町たかゑ
著作委員＝辻美智子

撮影／長野陽一

＜材料＞ 10人分

米…5合
水…5カップ（1ℓ）
【具】
鶏肉（もも、むね）…各80g
にんじん…大1本（200g）
ごぼう…1/3本（50g）
油揚げ…小3枚（36g）
干し椎茸…3〜4個（7g）
A
- 醤油…50〜80mℓ
- 酒…1/4カップ
- みりん…1/4カップ
- 干し椎茸の戻し汁…1/4カップ
- 砂糖…1/3カップ弱（40g）
- 塩…少々

さやいんげん…4〜5本（30g）

＜つくり方＞

1 米は洗って分量の水に浸し、炊く。
2 鶏肉はひと口大に切る。
3 にんじんとごぼうは細くささがきにし、ごぼうは水に浸してアクを抜く。
4 油揚げは油抜きし、短冊切りにする。
5 干し椎茸は水で戻し、せん切りにする。
6 にんじん以外の2〜5の材料を合わせ、Aを加えてやわらかくなるまで煮る。
7 6がやわらかくなってきたらにんじんを加え、煮汁がなくなるまで煮る（にんじんは煮くずれしやすいので、後から入れる）。
8 1の白飯に7の具材を加えて、よくかき混ぜる。
9 さやいんげんは塩ゆで後、水をかけて色よく仕上げ、斜めに切る。彩りとして8の上に散らす。

〈岐阜県〉

へぼご飯

東は長野県、南は愛知県に接して山間部の多い東濃地域ではクロスズメバチの幼虫やさなぎを食用にしたものを「へぼ」と呼び、へぼを空炒りして醤油、酒、みりんなどで煮た「へぼの佃煮」がごちそうです。見た目に反して(?)コクがありおいしく、滋養食として親しまれてきました。へぼ飯はそのへぼの佃煮を混ぜこんだご飯で、へぼが増える秋のごちそうです。初夏から夏の朴葉《ほおば》ずしにもへぼの佃煮をのせることがあります。

へぼは一般には地蜂と呼ばれ、体長2cm前後で、地中に巣をつくります。へぼのとり方は、真綿をつけたエサに働きバチを食いつかせ、その真綿を目印にしてエサを持ち帰るハチを追いかけます。巣を探し当てたら煙をたいて蜂を麻痺させて巣を掘り出すのです。ピンセットで巣から幼虫を出す作業は子どもも手伝いました。まだ巣にへぼが少ない夏のうちに巣を持ち帰り、秋になるまで家で飼う人もいました。現在では瓶詰めの佃煮が市販されていますが、高級品です。

協力＝宮地富子、宮地いつ子、日比野りつ子、土本範子　著作委員＝山根沙季

撮影／長野陽一

＜材料＞ 4人分

米…3カップ
水…3.6カップ（720mℓ）
生へぼ（蜂の子）…100g
しょうが…1かけ（20g）
A ┌醤油…大さじ4
　│砂糖…大さじ1
　└みりん…大さじ1

＜つくり方＞

1 生へぼを空炒りし、みじん切りにしたしょうがとAを加えて汁けが少し残る程度まで煮る。
2 米は分量の水で普通に炊き、炊き上がったらへぼとへぼを煮た煮汁を少し入れて混ぜ、10分ほど蒸らす。

◎缶詰のへぼの佃煮を使ってもよい。その場合は、炊き上がったご飯に混ぜるだけ。

撮影／五十嵐公

〈静岡県〉
茶めし

茶めしは、煮出した番茶で炊いた薄茶色のご飯で、わずかに塩味がきいています。伊東市や富士宮市、御殿場市などの東部地域では、仏事のときに白飯ではなくこの茶めしを食べます。県内でもこの地域にだけみられる習慣で、仕出し屋でも仏事用の折り詰め弁当に茶めしを使うことがあります。

茶めしに使う番茶は、一番茶や二番茶を摘んだ後に刈りとるかたくて大きな葉や茎でつくります。茶葉を蒸し、そのまま少しもんだ後に天日乾燥し、飲む前に強火で炒り、香ばしい香りを出します。今は市販の焙じた番茶を使いますが、かつては茶樹を育てている家では番茶が自家用につくられていました。

葬式があると近隣の人々が集まり、男性が葬式の準備をしている間に女性は茶めし、味噌汁、がんもどきやこんにゃくの煮物、白和えなどをつくり、忌中の膳を整えました。お盆にも茶めしを炊いてご先祖様に供えますが、それ以外の場で食べる習慣はないそうです。

協力＝伊東市健康づくり食生活推進協議会
著作委員＝新井映子、伊藤聖子

＜材料＞ 4人分

米…2合
水…3カップ（600mℓ）
番茶…1カップ強（17g）
塩…ひとつまみ

＜つくり方＞

1 分量の水を沸騰させて番茶を入れ、2分ほど加熱する。ペーパータオルなどでこして茶葉を除き、番茶液を冷ます。
2 米を洗い、冷ました番茶液450mℓに浸し、塩を加えて炊く。

茶めしに使う番茶。比較的タンニンやカフェインが少なくあっさりした味で苦味も少ない。香りを引き出すため、沸騰した湯に茶葉を入れる

菜《な》めし

〈愛知県〉

撮影／五十嵐公

＜材料＞ 4人分

米…2合
水…2.15カップ（430mℓ）
酒…大さじ1と1/3（20mℓ）
だし昆布…10㎝角1枚
大根葉…140g
塩…小さじ2/3（4g）

＜つくり方＞

1. 米は洗ってザルにあげ、30分ほどしてから、水、酒、だし昆布を加えて炊く。昆布は沸騰したら引き上げる。
2. 大根葉は色よくゆであげ、水にさらす。葉の水けをしぼり、細かいみじん切りにする。
3. 厚手の鍋に塩をふった**2**を入れ、から炒りする。葉がパラパラしてきたら火から下ろす。
4. 炊き上がったご飯に**3**を混ぜ合わせ、器に盛る。

菜めしは大根葉を使った混ぜめしで、江戸時代から東海道の吉田宿（現・豊橋市）で食べられてきた郷土料理です。さっぱりとした菜めしと、豆味噌でつくる濃厚な味の甘味噌だれをかけた豆腐田楽とをあわせて「菜めし田楽」とし、今も家庭で日常的につくっています。

昭和30年代の食事は、朝はご飯に豆腐と青菜の味噌汁、漬物が基本でした。夕食は菜めしや豆腐田楽、野菜を使った煮物などが食卓に並んでいました。

かつての吉田宿・豊橋市は、現在は東三河地区の中心都市で、豊川用水の豊かな水と温暖な気候に恵まれ、農業がさかんな地域です。とくに、東三河は大根の産地として有名です。大根は冬から春の収穫なので、大根葉は季節限定の食材でしたが、今では収穫時に冷凍保存します。から炒りすると香りが高くなり、日持ちもよくなるのです。かぶら菜、みず菜に替えることもあり、夏季は青じそをみじん切りにしてアクを抜いて使うこともあります。

協力＝芳賀厚子、牧野恵子、徳増みよ
著作委員＝松本貴志子、山内知子

〈愛知県〉

ぎんなん入り かきまし

「かきまし」は「掻き増し」と字をあてます。かき回してつくるのではなく、ご飯に他のものを加えて混ぜて（掻き）増量する（増し）という意味です。混ぜご飯、かてめし、また地域によってはかきまわしとも呼ばれます。家庭によって具はさまざまですが、ごぼう、油揚げ、干し椎茸、ちくわを入れることが多く、お祝いのときには鶏肉を入れて豪華にしました。にんじんは煮くずれるので人寄せのときは入れないという地域もあります。

県西部の稲沢市祖父江町《そぶえちょう》では、かきましに特産のぎんなんを加えます。ぎんなんのもっちりとした食感とほのかな苦味がアクセントになり、秋を感じさせるご飯です。翡翠《ひすい》色のぎんなんのときは、具と一緒に煮ないで最後に飾るときれいです。

かきましは、ひきずり（すき焼き）の残りでつくることもあります。かしわ（鶏肉）、椎茸、角麩、糸こんにゃく、ねぎなどをひきずりにして食べた後、残りを煮つめてご飯に混ぜます。残り物を活用でき手軽なので、よくつくったそうです。

協力＝内藤秀子　著作委員＝加藤治美

撮影／五十嵐公

＜材料＞ 4人分

温かいご飯…茶碗4杯分（600g）
大根…直径約6cmなら厚さ3.5cm（100g）
にんじん…2/3本（100g）
ごぼう…1/3本（60g）
油揚げ…1枚（20g）
干し椎茸…2枚
鶏もも肉…80g
ぎんなん…12粒
椎茸の戻し汁…2カップ
醤油、酒、みりん…各大さじ2

ひきずりの残りをご飯と混ぜた「かきまし」は甘辛味

＜つくり方＞

1 大根、にんじんは太めのせん切りにする。ごぼうはささがきにして水にさらす。
2 油揚げは3cm長さのせん切りにし、干し椎茸は水2カップで戻してせん切りにする。
3 鶏肉は2cm角に切る。
4 ぎんなんを割り、殻をはずして薄皮をむく。
5 干し椎茸の戻し汁に1～3を入れてやわらかくなるまで煮て、調味料とぎんなんを加えて煮含める。
6 温かいご飯に5の具を混ぜてできあがり。ご飯の味つけになるので多少の汁けも一緒に混ぜる。

◎ぎんなん割りには専用の割り器の他、キッチンばさみが便利。真ん中のギザギザ部分でぎんなんの筋目の部分をはさんで割る。殻をはずしたら、鍋にかぶるくらいのお湯を沸かしてぎんなんを入れ、穴あき玉じゃくしなどで上から軽く押さえてクルクルと回すと薄皮がむける。少量ならぎんなんに割れ目を入れ、紙の封筒などに入れて電子レンジに1分ほどかけてもよい。

〈京都府〉

たけのこご飯

食用のたけのこの種類には数種ありますが、主なものは孟宗竹《もうそうちく》です。京都の産地は、京都市西部の洛西一帯と、府南部の丘陵地帯である山城地域です。これらの地域は粘土質の酸性土壌でたけのこの生育にむいていますが、そうした条件を生かす高い栽培技術で親になる竹の選定と仕立て、毎年行なう土入れ（客土）、夏・冬・収穫後の施肥などの管理が徹底していることが「京のたけのこ」を守ってきているのです。

たけのこ掘りは3月半ば頃から始まりますが、旬は4月中旬から5月中旬にかけてです。地上に頭を出したものはすでに育ちすぎで、地面が盛り上がった程度のものを見つけて傷つけずに掘り出す熟練の技が求められます。そうして掘り出したたけのこはやわらかく、生で食べることもできるほどです。姫皮は和え物に、穂先は和え物や吸い物に、根元のかたい部分は煮物や揚げ物にしますが、たけのこが香り立つたけのこご飯は春には必ず食べたくなる一品です。

協力＝中村和男、中村喜美子
著作委員＝河野篤子、湯川夏子、米田泰子

<材料> 4人分

米…2合
水…2カップ強（415mℓ）
昆布…4cm角（2g）
酒…大さじ1
うす口醤油…大さじ1と1/3
塩…小さじ1/2
ゆでたけのこ…1/4本（120g）
にんじん…2cm（40g）
油揚げ…1枚（40g）
木の芽…適量

<つくり方>

1 米は洗って昆布とともに約30分、水につけておく。
2 たけのこは薄いくし形切りにする。
3 にんじんはせん切りにする。
4 油揚げは熱湯をさっと回しかけて油抜きをし、たけのこと同じ長さに薄く切る。
5 1から昆布をとり出し、調味料を加えて全体を混ぜ、2～4を入れて炊く。
6 炊き上がったら全体を混ぜ、茶碗に盛り、あれば木の芽をたたいて飾る。

南部の京田辺市にて。よく日が入る手入れの行き届いた竹林でたけのこを掘る。地面すれすれに少しだけ出ている先端を目印に、つけ根の見当をつけてたけのこ掘り用の鍬（トンガ）を入れる

ねらうのは地面が盛り上がった程度のもの

掘り出せばひとかかえもある大物

大きいものは押し切りで根元を切り落とす。真っ白でみずみずしい

戸外においたカマドで掘りたてのたけのこをゆでる

掘りたてでゆでたてのたけのこは、どう食べてもおいしい

4月、京都市内の青果店では朝掘りたけのこが並ぶ

撮影／高木あつ子

〈大阪府〉

かやくご飯

かやくは具材のことで加薬、加役とも書きます。にんじん、こんにゃく、ごぼうなどいろいろな具材を入れ醤油味で炊いたご飯で、炊きこみご飯、醤油ご飯、いろご飯とも呼びます。煮干しを入れてもおいしく、煮干しの頭、内臓、中骨を除くことがスッキリやさしい味に仕上げるコツです。最近は鶏肉を使うことが多くなりました。

手元にある野菜を入れればよく、あとは味噌汁と漬物があれば一食になる手軽で便利なものでした。ある家では醤油を秋はうす口、冬は濃口と季節によって変えて風情を大切にしたそうです。夕食にたくさん炊いて、翌日の朝食や弁当にもしました。残ったかやくご飯を小さめのおにぎりにして、さっと網で焼いたものは醤油が香ばしくてとてもおいしく、夜食やおやつに重宝しました。

外食としても、明治時代からかやくご飯一筋で続いている老舗もあるほど、大阪人はかやくご飯が大好きです。かやくご飯とうどんという定食も親しまれています。

協力＝休斉敏彦・美和子、狩野敦
著作委員＝八木千鶴

撮影／高木あつ子

＜材料＞ 4人分

米…2カップ
水…2カップ強（426mℓ）
酒…大さじ2
醤油…大さじ1と1/2
煮干し…22g（正味12g）*
ごぼう…15cm（30g）
にんじん（金時にんじん）…20g
干し椎茸…2枚（6g）
薄揚げ（油揚げ）…1/2枚（10g）
ちくわ…1/2本（20g）
三つ葉…1株

*煮干しの代わりに鶏肉70gを用いてもよい。

＜つくり方＞

1. 米は洗って水につける。
2. 煮干しは頭と内臓をとり指で身と骨にそってさくと中骨も自然にとれる。
3. ごぼうは細いささがきにする。
4. にんじん、水で戻した干し椎茸を2cm長さのせん切りにする。
5. 薄揚げは、油抜きをし2cm長さのせん切りにする。
6. ちくわは3mm幅の半月切りにする。
7. 米に調味料、2〜6の具材を加えて炊く。
8. 三つ葉は、さっと熱湯に通し2cm長さに切る。
9. 炊き上がったご飯を盛り、三つ葉を天盛りにする。

ならじゃご飯

〈兵庫県〉

撮影／高木あつ子

＜材料＞ 4人分

米…2合
水…2合強（370mℓ）
いりこ…30g
大豆（割り豆にしたもの）…30g
酒…小さじ2
みりん…小さじ2
うす口醤油…大さじ1と1/3
濃口醤油…小さじ2

＜つくり方＞

1. いりこは、頭、内臓、骨をとり除き、細かくさく。
2. 大豆はフライパンなどで焦げ目がつく程度に炒り、広げて枡やビンの底などでこすって皮をとる（写真①）。全体を揺らしながら軽く息を吹きかけ、皮を飛ばして割り豆だけにする（写真②）。
3. 洗った米に水と調味料を加え、割り豆といりこをのせて炊く。
4. 炊き上がったら、割り豆といりこを全体に混ぜる。おにぎりにしてもおいしい。

①

②

炒り大豆の割り豆といりこを炊きこんだ、やさしい醤油味のご飯です。いりこのだしが出て、香ばしい炒り豆の風味とホクホクした食感がアクセントになった、上品なおいしさです。県西部の姫路市周辺で祭りや行事の際につくられてきたもので、とくに女の子が生まれたときのお祝いにつくり、親戚や隣近所に配ったそうです。男の子が生まれたら赤飯で、女の子だったらならじゃご飯を炊いたといいます。

炒り豆は焦がすと苦くなるので、炒り加減が大事です。炒り豆を枡《ます》でごりごりっとこすって割り豆にし、息を吹きかけて薄皮だけを除く作業は、薄皮が周囲に飛び散るので、庭先などでやります。慣れた人がやると造作もなくきれいにでき見事なものです。いりこの頭と内臓、骨をとるのは子どもの仕事でした。ならじゃご飯は、そんな手作業の記憶と、子どもの誕生や成長を地域で見守り共に祝う気持ちを伝えるご飯なのです。

協力＝垣口とみ子、坂上生活研究グループ
著作委員＝作田はるみ

ねぎめし

〈兵庫県〉

中国山地の1000m級の山々に囲まれた、鳥取県と岡山県の県境近く、宍粟《しそう》市千種《ちくさ》町で秋冬につくられてきたご飯です。具はねぎと煮干しだけとシンプルですが、煮干しのだしとねぎの風味と甘味でおいしくいただけます。

「おくどさん（かまど）」で羽釜を使ってご飯を炊いていた頃は、釜の中で米が勢いよく踊るので、ねぎの中にご飯が詰まって炊き上がりました。今の炊飯器はそれほど火力が強くないので、ねぎにご飯があまり入りません。

この地域では夜めし（夜食）を食べる習慣があり、この「ねぎめし」や「大根めし」をよく食べました。大根めしには大根と大根の葉を入れたものと、たくあんを炊きこんだものがあるそうです。

ねぎめしに揚げやちくわが入ると贅沢でした。かつては豆腐屋さんに大豆を持って行くと交換券をくれました。豆腐は券1枚ですが揚げは券2枚と交換するごちそうでした。海が遠いので行商人から購入するちくわもごちそうでした。

協力＝河野久美、山内千裕
著作委員＝坂本薫

撮影／高木あつ子

＜材料＞ 4人分

米…3合
水…3.5合（630mℓ）
九条ねぎ…5本
煮干し…30g
醤油…大さじ2弱
みりん…大さじ1

＜つくり方＞

1 米を洗って水けをきる。
2 ねぎは2cm長さに切る。
3 煮干しの頭と内臓をとり除く。
4 炊飯器に米と水、調味料を加え、**2**、**3**を加えて炊く。

撮影／五十嵐公

＜材料＞ 4人分

米…3カップ
水…3.5カップ（700mℓ）
昆布…10cm
里芋…6〜7個（300g）
塩…小さじ1
酒…大さじ1と1/2

＜つくり方＞

1 米は洗って水と汚れをふいた昆布を入れ、約30分つける。
2 里芋はきれいに洗って皮をむき、小さいものはそのまま、大きいものはほどよい大きさに切る。かぶるくらいの水を入れ、さっとゆでてザルにあげ、水けをきる。
3 1に2の里芋と調味料を入れて炊く。昆布は沸騰寸前にとり出す。
4 ご飯が炊き上がったら、10分蒸らして蓋をとり、里芋をつぶさないように混ぜる。

〈奈良県〉

里芋ご飯

里芋の粘りがご飯にからまって一体化し、ひと味違うむっちりした食感のご飯です。葛城《かつらぎ》市大畑地区は当時、米が十分あり、増量のための「かてめし」というよりは身近な食材を使ったご飯料理の一つといえます。秋祭りや春秋の彼岸前にも、「阿弥陀さんにお供えするんや」と必ずつくられたそうです。

里芋の栽培は水の管理が大切です。レシピを教えてくれた方の父親は「ごりの芋はいらんもんなあ」と、真夏のカンカン照りが続くときには夕方から夜にかけて田んぼに水を入れ、朝は抜いて日中の暑さでいもが煮えないようにしていたそうです。翌年3月に種芋として出荷するまでの間は、田んぼを掘って里芋を入れ、「いもも生きとるからな」と、煙突を立ててわらでしっかり囲い、大事に保管して冬を越させました。この地域はほどよい水持ちの泥土で里芋栽培に適しており、きめ細かくやわらかい良質な里芋がとれるため、昔から種芋としての需要が高く、今でも種苗会社を通して流通しています。

協力＝木村匡子
著作委員＝志垣瞳、三浦さつき

〈鳥取県〉

いただき

米、ごぼう、にんじん、干し椎茸などを大きめの三角揚げに詰めて調味液で炊いたもので、県西部の弓ヶ浜地域に伝わる郷土食です。「いただき」「ののこめし」などと呼ばれ、「いただき」という名称は、中国地方最高峰で伯耆富士《ほうきふじ》とも呼ばれている大山《だいせん》の頂に形が似ていることからつけられたともいわれています。鍋に入れて炊くこともありますが、炊飯器を利用すると失敗なく炊き上げられます。

弓ヶ浜地域はもともと砂地のため、米の収穫量は少なく、昔はさつまいもが米の補いとして利用されてきた食文化があります。ですから、ご飯がたっぷり詰まったいただきはごちそうでした。今も、来客の際の料理として日常食として家庭でつくられています。油揚げに詰まったご飯はしっとりとやわらか。しっかり加熱されているため保存性がよく、かたくなりにくく、1個で十分満足感があるので、運動会の弁当にも喜ばれます。また稲刈りや稲の「はでかけ」の昼食にも漬物と一緒に食べられています。

協力＝境港市食生活改善推進員会
著作委員＝松島文子、板倉一枝

<材料> 4個分

米…200g
干し椎茸…4枚
ごぼう…1/4本（40g）
にんじん…1/4本（40g）
油揚げ（三角の薄揚げ）…4枚
だし汁（昆布と煮干し）*
　…3.3カップ（660mℓ）
昆布…10〜15cm
砂糖…30g
酒…大さじ2
醤油…大さじ2と2/3

楊枝4本

*昆布10〜15cm、煮干し5〜8尾でだしをとる。昆布はとっておく。

<つくり方>

1 米をといで、1時間ほど適量の水（分量外）に浸してからザルにあげて水をきる。
2 干し椎茸は水で戻し、半分に切って細切りにする。ごぼうはささがきにして水にさらす。にんじんは小さめのせん切りにする。
3 ボウルに米、椎茸、水からあげたごぼう、にんじんを入れて混ぜ合わせる。
4 油揚げは短い辺の片方に包丁で切れ目を入れ、中に指を入れて丁寧に袋をつくり、4等分にした**3**を詰め、楊枝で口をとめる。楊枝で10カ所ほど穴をあける。
5 炊飯器の底にだしをとった後の昆布を敷き、**4**の油揚げの長い辺を斜めにして並べる。だし汁、砂糖、酒、醤油を加えて炊き上げる。

いただきの切り口

撮影／五十嵐公

〈鳥取県〉

どんどろけめし

炒めた豆腐を炊きこんだユニークなご飯で、豆腐めしとも呼ばれます。「どんどろけ」とは、鳥取地方の方言で雷のこと。豆腐を油で炒めるときに雷に似た音がすることからこの名前がつきました。

今では日本有数の漁港もある鳥取県ですが、以前は船の出入りに好都合な港が少なく、魚は貴重品でした。そのため、昔から豆腐をたんぱく質源として食べていました。かつて、藩主が魚の代わりに豆腐を食べるよう推奨した逸話が残るほどで、今も豆腐の消費量が多いです。どんどろけめしはそんな鳥取ならではのご飯。豆腐やごぼう、にんじんとねぎの甘みや旨みが合わさり、おいしく食べられます。薄めの醤油味のご飯はやさしい味わいです。

豆腐は傷みやすいので、どんどろけめしを食べるのは冬場です。ちょうどこの時期、日本海沿岸地域では、冷たい強風が吹き荒れ、地響きのような雷鳴「雪おこし」がとどろきます。どんどろけめしも雷も鳥取の冬の風物詩です。

協力＝JA鳥取中央女性会大鴨支部鴨女グループ　著作委員＝松島文子、板倉一枝

撮影／五十嵐公

＜材料＞ 4人分

米…3.5合
だし汁（昆布とかつお節）
…4カップ（800mℓ）
豆腐…1丁（400g）
ごぼう（中）…1本
にんじん（中）…1本
油揚げ…1枚
油…適量
うす口醤油…大さじ3〜4
青ねぎ…4〜5本

＜つくり方＞

1. 豆腐はザルにのせ、少しかたくなるまで水けをきる。
2. 米は洗ってザルにあげ、水けを切る。
3. 油揚げは湯通しして、油抜きをする。
4. ごぼうはささがき、にんじんと油揚げは小さめに切る。
5. 鍋に少量の油を熱し、4を入れ、全体に油が回るまで炒める。醤油大さじ2で下味をつける。
6. 別の鍋に気持ち多めの油を熱し、豆腐を入れる。木べらで大きめにくずしながら炒める。
7. 炊飯器に米と5の具と6の豆腐を入れ、だし汁と残りの醤油を加える。味をみて薄い場合には塩2g（分量外）を加えて炊く。
8. 炊き上がったら小口切りにした青ねぎを加えて混ぜ10分ほど蒸らす。

撮影／五十嵐公

＜材料＞ 4人分

米…3合
小豆の煮汁＋水…3カップ（600mℓ）
小豆…1/3カップ（50〜60g）
塩…小さじ2/3

＜つくり方＞

1. 鍋に小豆と、小豆がかぶるくらいの水（分量外）を入れて火にかける。
2. 沸騰したら火からおろし、煮汁を捨て、水2カップ（分量外）を加えて火にかける。沸騰後10分ほど弱火で煮る。小豆と煮汁を分けて冷ます。
3. 米を洗い、ザルにあげて30分ほどおく。
4. 炊飯器に米と**2**の小豆を入れる。煮汁と水、塩を加えて炊く。

〈鳥取県〉小豆ご飯

山陰地方は「小豆汁文化圏」と呼ばれ、雑煮が甘い小豆汁にもちを入れたものになっていたりと、小豆を利用した料理が多くあります。県内各地で食べられている小豆ご飯もその一つ。ゆでた小豆とうるち米を一緒に炊いたご飯は、ほんのり甘い小豆の味と塩けで素朴な味わいです。おこわよりやわらかいので、誰でも食べやすく、親しまれてきました。もち米を使う赤飯とは違い、前日から米を浸しておく必要がなく、蒸す手間もかからないので簡便な料理です。地域によっては慶事には赤飯、仏事には小豆ご飯と場面によってつくり分けているところもあります。

八頭《やず》地域では、誕生日などのお祝い事のほか、お盆に仏さんをお送りする「仏さん送り」や、正月4日にお寺さんが檀家に挨拶回りをする「坊主礼」で小豆ご飯をお供えします。その他の地域でも小豆ご飯は仏事と密接に関わっており、こうしたときに食べるのを皆楽しみにしていました。

協力＝陰山喜代美、福井富美子
著作委員＝松島文子、板倉一枝

〈鳥取県〉

しょうのけめし

撮影／五十嵐公

＜材料＞ 4人分

米…4合
水＋椎茸の戻し汁…4カップ（800mℓ）
鶏皮つき肉…150g
油揚げ…1枚
こんにゃく…1/4枚
干し椎茸…2枚
ごぼう（細）…1本
にんじん…50g
醤油…大さじ4
酒…大さじ1
みりん…大さじ1

＜つくり方＞

1 油揚げは油抜きする。こんにゃくは湯にくぐらせる。干し椎茸は戻す。
2 ごぼうは細かいささがきにし、にんじん、油揚げ、こんにゃくは3cm長さ程度の細切りにする。椎茸は薄切りにする。
3 鶏肉は1cm角に切り、鍋で炒りつける。
4 ごぼう、にんじん、油揚げ、こんにゃく、椎茸を加えて炒りつけ、水と椎茸の戻し汁のうち50mℓと調味料を入れ、味がつく程度に煮る。そのまま冷ます。
5 米を洗い、炊飯器の釜に水と椎茸の戻し汁の残りを入れて30分浸す。
6 4を煮汁ごと上にのせるように加えて炊く。
7 炊き上がったら蒸らし、具とご飯が混ざるように上下によく混ぜる。

鳥取県では、昔からメインとなるおかずよりも、いろいろな具材を米と合わせて満足感のあるご飯をつくることが多く、地域ごとにさまざまな炊きこみご飯や混ぜご飯があります。

しょうのけめしは、にんじんやごぼう、油揚げや鶏肉などを醤油で味つけしてから炊きこんだご飯で、県中部を中心に食べられています。醤油の味や香りがしっかりすることからしょうのけ（醤油の気）めしと呼ばれます。醤油は今では当たり前のように買えますが、昔は各家庭で手づくりしており、手間のかかる貴重な調味料でした。倉吉地域では稲刈り後の「かま祝い」や稲の脱穀後の「こき祝い」、大山《だいせん》山麓では七夕など、なんぞごと（何かあるとき）に出しました。農家にとって稲刈りが終わることは、その年の農事が一段落したことを示します。かま祝いでは、しょうのけめしを食べて家族で豊作を喜び、互いをねぎらいました。茶色く色づいたご飯は、派手さはないですが懐かしい郷土の味です。

協力＝JA鳥取中央女性会大鴨支部鴨女グループ　著作委員＝松島文子、板倉一枝

「伝え継ぐ 日本の家庭料理」を愛蔵版でお届けします

この全集は、季刊雑誌「別冊うかたま」として２０１７年から年に４冊ずつ刊行している「伝え継ぐ 日本の家庭料理」をハードカバーの書籍につくり直した愛蔵版です。

高度経済成長で食生活が大きく変わる前、地域ごとの特徴をよく伝えていた日本の家庭料理はどんなものだったでしょうか。

それをいま記録しておかなければ失われてしまうという危機感と、実際につくることができるレシピが欠かせないという気持ちで「伝え継ぐ 日本の家庭料理」の刊行が始まりました。

この愛蔵版は、ここに記録された風土を食べる知恵と、地域の食文化を１００年先まで残していくために、より堅牢で末永く蔵書していただけるようにしたものです。

先人の伝えてきた味と想いが再現され、さらに読者のみなさまの「伝えたい味」が生まれていけば、これほどうれしいことはありません。どうぞご愛用ください。

（一社）農山漁村文化協会

〈鳥取県〉

混ぜご飯

　県東部の山間部、八頭《やず》地域でつくられている混ぜご飯です。具は、豆腐や鶏肉、ちくわ、こんにゃく、油揚げなどいつでもあるものに加え、春は木の芽やたけのこ、ふき、初夏はそら豆と、季節の食材を入れて四季の味を楽しみました。脂ののった焼きさばが入ると、特有の旨みが加わり、ぐっとおいしくなります。

　日常的にもつくりますが、具の下準備はかなり手がこんでおり、稲こき（脱穀）を終えたときに行なう「こき祝い」などの行事で出すごちそうでもありました。以前は、稲は収穫してもすぐには食べられず、田んぼで「はで（稲干し台）」にかけて自然乾燥させ、その後に稲こき機械で脱穀してから保存していました。これらの作業がすべて終わるのは初冬頃。一家総出で天気を見計らいながらの作業は大変なものでした。こき祝いでは、苗つくりから田植えに始まり、稲づくりが無事に終わったことを祝い、田の神様へ感謝しながら、家族みなで混ぜご飯を食べました。

協力＝國政勝子、國政正子、村尾久美子、池本利子　著作委員＝松島文子、板倉一枝

撮影／五十嵐公

＜材料＞ 5〜6人分

米…3合
煮汁＋水…3カップ（600mℓ）
ゆでたけのこ…200g
にんじん…100g
干し椎茸…2枚
焼きサバ…1尾
ふき…1〜2本（75g）
A
- だし汁（昆布とかつお節）＋椎茸の戻し汁…1ℓ
- うす口醤油…80mℓ
- みりん…大さじ1
- 砂糖…大さじ4
- 酒…大さじ2
- 酢…大さじ3と1/3

木の芽…15枚程度

＜つくり方＞

1　干し椎茸は水1カップ（分量外）に一晩つけて戻す。ふきは鍋に水と塩をひとつまみ（分量外）入れて沸騰させた中で3分程度ゆで、皮をむいて20〜30分水にさらす。
2　米は炊く30分前に洗い、ザルにあげる。
3　たけのこは、穂先は繊維に沿ってスライスし、かたい部分は繊維に直角にスライスする。にんじんと椎茸は細かく刻む。焼きサバは細かく身をほぐし、骨をよくとり除く（写真①）。ふきは、1.5cm程度の小口切りにする。
4　鍋にたけのこ、にんじん、椎茸、焼きサバとAを入れ、強火で煮る。沸騰したら中火にして、具材が煮えるまで10分程度煮る。火を止める3分前くらいにふきを加える。
5　4の具と煮汁を分ける。炊飯器に米と煮汁と水を入れて炊く。
6　炊き上がったご飯に5の具を混ぜて、10分程度蒸らす。木の芽の半量はみじん切りにし、一緒に混ぜる。茶碗によそい、残りの木の芽を散らす。

撮影／高木あつ子

＜材料＞4人分

米…2合
水…2カップ(400mℓ)
くじらの皮肉(生)…80g
大根…3㎝(80g)
にんじん…1/2本(80g)
ごぼう…1/2本(80g)
こんにゃく…1/3枚(80g)
醤油…大さじ1
酒…大さじ2
塩…ひとつまみ(1g)

＜つくり方＞

1 米を洗って分量の水に浸す。
2 くじらは5㎜厚さの短冊切りにし、80～85℃のお湯に数秒つけて余分な脂を落とし、ザルにあげる。沸騰した湯やつける時間が長いと、くじらの肉が縮むので気をつける。
3 大根とにんじん、こんにゃくは小さめの短冊切り、ごぼうはささがきにする。
4 **1**に、**2**と**3**、調味料を加えて炊く。

◎湯通しの際、くじらは火を止めた湯に入れる。縮むので決して沸騰させないこと。

クジラの皮肉(生)

〈島根県〉

くじらめし

西部地域の浜田市では、節分になると黒い皮のついたくじらの皮肉(脂身)を短冊切りにして炊きこみます。これは、大きい動物の象徴であるくじらが鬼をやっつけるとされるためです。立春を迎えるとはいえまだまだ寒い冬、脂やうま味がたっぷりのご飯は体を芯から温めます。島根県ではくじらは冬に欠かせないもので、かつて雪の深い地域では冬の食料として大量に皮肉を買いこみ、数カ月もつようにきつく塩漬けして保存しました。これを水で塩抜きをして使いましたが、今はその都度、生を購入して使っています。

東部の出雲地域でも、くじらと白かぶ、にんじん、はんぺん(卵白が入った弾力のある練り物)を入れたくじら汁が食べられていました。こってりとしたくじらとあっさりした白かぶとの相性がよい味噌汁で、大晦日の夜に大きなくじらを食べることで、なんでも大きくなるように、将来大物になるように、財産が大きくふえるようにと縁起をかつぎました。

協力＝宮本美保子、田子ヨシエ、服部やよ生、大場郁子　著作委員＝石田千津恵、藤江未沙

〈愛媛県〉

おもぶり

「もぶる」とは混ぜるという意味で、里芋、にんじん、ごぼうなど、素朴な材料をふんだんに使った混ぜご飯です。今治市は、瀬戸内海では新鮮な魚介類、平野部では野菜、里山では季節折々の野草や山菜がとれる地域で、このご飯は年間を通してつくられています。

合わせ酢をつくらない分、ばらずしよりも手間がかかりません。寄り合いなどのもてなしや忙しいときの食事として、ハレとケ両用で重宝されてきました。これに和え物や汁物を加えれば、一回の食事としてはまったく遜色ありません。寄り合いでは大鉢に盛ったり、丸い大きなおむすび（てんころ）にしてもちを入れるもろぶたに並べたりすると、大勢でも取り分けやすく、今も行事や炊き出し等につくられています。

具はばらずしほど豪華ではありませんが、青魚や貝、練り製品、干し揚げ、季節の野菜やいもなど、家庭によりさまざまで、薄く味つけた金時豆や瀬戸貝（イガイ）を入れることもあったそうです。

協力＝八木頼子、近藤アケミ、近藤君子
著作委員＝香川実恵子

撮影／五十嵐公

＜材料＞ 6人分

米…3合
水…3.6合（650mℓ）

切り干し大根…15g
干し椎茸…大1枚
こんにゃく…1/3枚（170g）
ごぼう…1/3本（60g）
にんじん…1/4本（35g）
干し揚げ*（からあげ）…1/3枚
里芋…3〜4個（160g）
サバ…中1/2尾
さやえんどう…4〜5枚（15g）
A うす口醤油…1/4カップ
A 酒…大さじ1
A みりん…大さじ1

*干し揚げについては、p32を参照。

ご飯は熱いうちにもろぶたなどに広げると、具が混ぜやすい

＜つくり方＞

1 切り干し大根は水に浸してよくしぼる。干し椎茸は冷蔵庫に入れて水で戻す。こんにゃくはすりこぎでたたいてやわらかくし、ゆでる。
2 ごぼうはささがきに、にんじん、こんにゃく、干し揚げ、椎茸は3cmのせん切りにする。
3 里芋は皮をむき、1cm厚さの半月またはいちょう切りにする。
4 サバは三枚におろしたものを焼いて、手でほぐす。
5 1〜4を、Aの調味料で煮汁が少し残る程度まで煮て、濃いめの味をつける。
6 さやえんどうはゆでて斜め細切りにする。
7 米を炊き、炊きたてのご飯に、5の具を汁ごと入れてさっくりと混ぜる。具とご飯の温度が同じくらいだとなじみやすい。さやえんどうは盛りつけのときに混ぜる。

〈山口県〉 よもぎめし

独特のよい香りがするよもぎは、種々の薬効を持っています。瀬戸内海に浮かぶ周防《すおう》大島《おおしま》では、毎年、春になると解毒のためといってよもぎめしをつくる習慣がありました。味つけは薄い塩味だけですが、砂糖と混ぜたきな粉をかけると食がすすみます。主食として出すこともあれば、おやつとしても食べました。さつまいもを入れると甘味が加わり、米の節約にもなります。

よもぎめしから簡単によもぎもちをつくることができます。少しやわらかめに炊いて、釜の中ですりこぎでご飯をつき、米粒が原形をとどめない程度になったら丸めたり、あんを包めば簡単なよもぎもちのできあがりです。さつまいも入りのよもぎめしをつけば、よもぎ風味の「かいもち」になります。うるち米にもち米を混ぜると粘りけのあるおいしいもちになります。

よもぎ摘みは春先の子どもの仕事でしたが、最近では温暖化の影響か、3月頃になると昔よりも成長し摘みやすくなっています。

著作委員＝山本由美

撮影／高木あつ子

<材料> 4人分

米…2カップ
水…2.2〜2.4カップ（440〜480mℓ）
塩…大さじ1/3〜1/2
よもぎ（ゆで）*…100〜150g
A ┌きな粉、砂糖
　 │ …各1/3〜1/2カップ
　 └塩…大さじ1/2

*重曹入り熱湯（熱湯2ℓに対し重曹大さじ1）でゆでて水にとり、軽く水けをしぼったもの

<つくり方>

1 よもぎは適当に切る。
2 洗った米に水と塩を加え、その上によもぎを広げて炊き、炊き上がったら（写真①）飯とよもぎをよく混ぜる。
3 茶碗によそい、Aを適宜かけていただく。

撮影／長野陽一

＜材料＞4人分

米…2合
水…2カップ(400mℓ)
ゆでたくさぎ菜*…50g(乾燥の場合は10g)
ちりめんじゃこ…15g
油…小さじ1
塩…小さじ1/2(3g)
ゆず酢…小さじ1

*クサギの新芽を重曹を入れた湯で30分〜1時間ゆがき、一晩流水にさらしてから水けをしぼったもの。冷凍保存しておいたものを使ってもよい。

＜つくり方＞

1 くさぎ菜は冷凍してあるものを使う場合は解凍する。乾燥のものを使う場合は水で戻す。
2 ご飯を分量の水で炊く。
3 くさぎ菜の水けをきり、油を熱したフライパンで炒める。水けが飛んだらちりめんじゃこを加えてさらに炒める。
4 塩を加えて、パラパラになるまで炒める。
5 炊き上がったご飯に、4とゆず酢を入れて、よく混ぜる。

クサギ。葉はそのままだと苦味が強いのでアク抜きしてから使う

〈徳島県〉

くさぎ菜めし

クサギの新芽「くさぎ菜」をご飯に混ぜこんだ料理です。クサギは4〜8mほどの高さになる木で、独特の臭みがあることからこの名前がついています。葉には生薬としての効能があるといわれていますが、臭みに加えて強烈な苦味があるので、そのままでは食べられません。以前はとったらすぐにゆがいてから川の水にさらしてアクを抜き、乾燥させて保存していました。くさぎ菜めしは、アクを抜いた後のくさぎ菜を炒めて、さらにちりめんじゃこを加えることで、ほのかに残った苦味や香り、新芽のやわらかな食感を楽しめます。

県南の山間部、那賀町では、昔から5月の茶摘みの時期になるとくさぎ菜を山で摘み、野菜のように利用してきました。那賀町は戦後の不作で食料難に陥ったことがあり、その間、山菜やくさぎ菜などを救荒食として食べ、飢えをしのいだそうです。くさぎ菜めしには、そのままでは食べられないクサギを何とかしておいしく食べようという人々の知恵が詰まっています。

協力＝田中幸子、野村恵子、井本昭世
著作委員＝金丸芳

茶ごめ
〈徳島県〉

乾燥そら豆を炒って米と一緒に炊きこんだ甘いご飯です。徳島市は和三盆の産地の板野町《いたのちょう》が近かったので、江戸時代から庶民でも砂糖を使うことができました。ただ、貴重品であったので、遠路からの客を迎えるときや田植えのときに早乙女さん（田植えに来た女性たち）に出すお茶うけとして、また、彼岸と法事のお供えなど特別な日につくり、阿波番茶（乳酸発酵させたお茶）や漬物と一緒に出しました。時間をかけて豆を炒り、皮をむいて炊いた茶ごめは、質素ながらも心のこもったおもてなしでした。ご飯はほんのり甘く、そら豆は栗のようにほくほくした食感です。子どもたちの好物で、「赤いごはんの甘いの炊いて」と言ってねだる子もいたそうです。

乾燥そら豆は炒ってそのまま食べたり、炒り豆を入れた布袋を腰にくくりつけて海水浴に行き、海水でふやけて塩味がついた豆を食べたりしていました。梅雨場、虫が入る前に古いそら豆を使い切ろうと茶ごめを炊く家もありました。

協力＝山崎妙子、村澤寿美子
著作委員＝長尾久美子、近藤美樹

撮影／長野陽一

＜材料＞ 4人分

米…3カップ
そら豆のゆで汁…3.5カップ強（720㎖）（米の1.5倍重量）
乾燥そら豆（大豆や黒豆でもよい）…1カップ（110g）
黄ザラメ…1/2カップ（100g）
塩…少々

＜つくり方＞

1 そら豆は、ほうろくか鉄製のフライパンで茶褐色になるまで丁寧に炒る。
2 鍋に水4カップ（分量外）を入れて沸かし、火を止める。80～90℃になったら1を入れる。30分程度つけてから火にかけ、沸騰したら火を止める。
3 2をザルにあげてゆで汁とそら豆を分ける。そら豆は皮をむく。
4 炊飯釜に洗って水をきった米とそら豆、そら豆のゆで汁、黄ザラメ、塩を入れて炊く。

撮影／高木あつ子

〈香川県〉

梅干し入り黒豆ご飯

黒豆ご飯は赤飯と違って黒くくすんだ色で、中讃、西讃では葬式や法事などの不祝儀に使われます。地元のもち屋などによると、ここ10年ほど不祝儀の黒豆ご飯の注文は増えており、その際はもち米を使い、ご飯が黒くなるのでゆで汁は入れないことが多いそうです。一方、県内で不祝儀でも赤飯を食べる地域があります。

昔は法事や彼岸、盆、暮れなどの先祖にお供えする際に黒豆ご飯をよく炊いていたそうです。豆腐や味噌、醤油の原料として大豆は各家でつくり、黒豆もおせち料理や行事で使う分をつくっていました。ただ、黒豆は大豆に比べて栽培が難しく貴重なので、ゆで汁も煮物に使うなどして大事にしたとのことです。黒豆ご飯に梅干しを入れるのは、聞き書きした方が母親から教わったつくり方です。黒豆のアントシアン系の色素に梅干しの酸が反応して鮮やかになり、祝儀でも不祝儀でも使えます。豆の歯ごたえもよく、ご飯は少し酸味が増して、よりおいしくなります。

協力＝岩本仟子、中野餅屋
著作委員＝次田一代

<材料> 8人分

米…3カップ
黒豆の煮汁＋水…3カップ（600mℓ）
酒…大さじ3
黒豆…100g
梅干し（8％塩分）…4個（24g）

<つくり方>

1 黒豆は洗って5カップの水（分量外）に一晩つける。
2 黒豆をつけ汁のまま中火で約3時間煮る。
3 豆と煮汁に分ける。豆の方に、煮た豆の1％重量の塩（分量外）をふる。
4 米は洗って、ザルにあげる。
5 梅干しは種を除いて細かく切る。種も炊飯時に使う。
6 炊飯器に4の米、3の黒豆の煮汁、水、酒を加え、その上に3の煮豆、5の梅干しと種をのせて炊く。
7 炊き上がったら10分ほど蒸し、梅干しの種を除いたあと、よく混ぜる。

炊き上がり

〈佐賀県〉

すさめし

ちらしずしのように見えますが酢飯は使っていない混ぜご飯で、「混ぜめし」ともいいます。ほぐした焼きさばがよい風味を出しています。焼き物の町・有田で祭りやハレの日に出されるごちそうでした。「すさ」とは具材のことですが、なぜそう呼ぶのか、いわれははっきりしません。

魚は焼きさばを使うことが多かったですが、結婚式の引き出物で鯛の塩焼きが手に入ったときは、鯛をほぐして利用しました。現在では、鶏肉を使うこともあります。

祭りの日には、当番の家でごちそうがたくさんつくられ、集まった大人たちにふるまわれます。子どもたちも大人についていき、夜遅くまで当番の家の座敷で遊んでいた思い出があるそうです。

当番になった家では火鉢を座敷に並べるのが子どもの仕事でした。一軒で40個もの火鉢を持っている家もあり、近所に借すこともあったそうです。お客さん用の食器も大変な数で、家ごとに自慢の器を用意していました。

協力＝西山美穂子、松本郁子、原口恭子、小柳悦子　著作委員＝成清ヨシヱ、副島順子

撮影／戸倉江里

＜材料＞8人分

米…4合
水…4.3カップ（860mℓ）
サバ…1/2尾（380g）
ごぼう…1/2本（100g）
にんじん…1/2本（60g）
こんにゃく…80g
干し椎茸…10g
干し椎茸の戻し汁…大さじ2
油…大さじ1/2
酒…大さじ1と1/2
砂糖…大さじ5（45g）
塩…小さじ1/2
醤油…大さじ1
錦糸卵…卵4個分
紅しょうが…40g
つとかまぼこ*…1本（120g）
焼きのり…1/4枚
はぎ菜（ヨメナ）…80g

*麦わら（ストロー）で巻いて蒸すため、周囲に波型の凹凸がついた巻きかまぼこ。

＜つくり方＞

1 ご飯を炊く。
2 ごぼうはささがき、にんじんとこんにゃくは1.5cm長さのせん切り、水で戻した干し椎茸は粗みじん切りにする。
3 サバを焼き、骨を除き、身を細かくほぐす。
4 紅しょうがはせん切り、つとかまぼこは半月切りにする。のりは細く切る。はぎ菜はゆでてみじん切りにする。
5 厚手の鍋に油をひき2を炒め、3を加える。さらに椎茸の戻し汁を加え、酒、砂糖、塩の順に調味料を加え炒める。最後に醤油を加え、汁けがなくなるまで炒める。
6 炊きたてのご飯と5を混ぜ合わせる。
7 6を器に盛りのりを広げ、錦糸卵をのせる。さらに紅しょうが、つとかまぼこ、はぎ菜を飾る。

撮影／戸倉江里

＜材料＞ 4人分

米…2と2/3合（400g）
水…2.5カップ（500mℓ）
昆布…10cm
塩…小さじ1/3
【具】
ごぼう…1/2本（100g）
にんじん…1/4本（40g）
干し椎茸…2枚（4g）
焼きサバのほぐし身…100g
だし汁（煮干し）…1カップ
醤油…大さじ2
砂糖…小さじ1（3g）

＜つくり方＞

1. ごぼう、にんじんはささがきにする。
2. 干し椎茸は水で戻し、ささがきごぼうより細かく、粗みじん程度に切る。
3. だし汁に1と2と焼きサバのほぐし身を入れ、やわらかくなるまで煮る。醤油、砂糖を加え調味し、汁けがなくなるまで煮る。
4. 米に昆布と水を加えかために炊く。炊き上がったご飯に3の具を入れ切るように混ぜる。最後に塩を加えて味を調える。

〈佐賀県〉

ごぼうめし

山内町（現武雄《たけお》市）は山間部の農山村地帯で、段々畑や棚田でとれる野菜や米を、隣町の有田に供給していました。粘土質の土地でごぼうがたくさんとれ、正月や冠婚葬祭の料理には煮物や汁物にはよくごぼうが使われました。

普段は米を節約するために大根めしなどのかてめしを食べたり、小麦でだご汁をつくったりしていましたが、行事や誕生日などの祝いのときには、たっぷりの米に野菜や焼き魚を混ぜたご飯がごちそうでした。その際にもよい香りのごぼうは欠かせません。

秋祭りのくんちの前夜には、よくごぼうめしを食べたそうです。ごぼうめしと鶏肉の入った汁物、紅白なますといった、いつもよりもやや晴れがましい献立でした。明けてくんちの当日には栗入りの赤飯やふなのこぐい（ふなを味噌や水あめで骨までやわらかく煮た料理）、煮ごみ（いろいろな野菜と焼きさばに小豆を加えて甘辛く煮た料理）、甘酒、呉汁、紅白なますなどを用意してもてなし料理としました。

協力＝稲田則子、松尾宣子、杉原美津江、永田ムツ子　著作委員＝副島順子、萱島知子

〈佐賀県〉

ほだれ菜めし

正月のしめ縄をはずす1月14日の「十四日節句」に神仏にお供えするご飯です。正月に供えていた米と鏡もちでつくりました。「しゃくし菜」は体菜《たいさい》の間引き菜で、これを稲がたくさん実って穂が垂れる様子を表す形にして「穂垂れ菜」と呼んだのです。今年の豊作を願う儀式であり、お供えした後は家人もひと口ずついただきます。

子どもたちは、ほだれ菜めしを食べるときは「立派な立派な穂だれと思って食べんば（立派に穂が垂れる豊作でありますようにと思って食べないと）」と父親に言われ、「頭が垂れるように」という気持ちで食べたそうです。

焼き物の町・有田の正月飾りは、昆布の上にするめをおき、鏡もちをのせ、干し柿とダイダイを飾ったりします。それとは別に昆布の上に米を盛り、その上に里芋の親芋やかち栗などをのせることもあったようです。そうしたお供えを下げるときにこのような儀式食をつくり、神様と人とで同じものをいただいたのです。

協力＝松本郁子、米原喬子
著作委員＝副島順子、西岡征子

撮影／戸倉江里

＜材料＞ 5〜10人分

米…1合
水…1.1カップ（220mℓ）
しゃくし菜…5〜10枚
もち（3×3cm程度）…5〜10個

＜つくり方＞

1 ご飯を炊く。
2 炊きたてのご飯、または炊き上がり寸前のご飯の上にもちを入れ一緒に蒸らす。ご飯は混ぜない。
3 しゃくし菜を塩ゆでにする。
4 もちの上にしゃくし菜を1枚ずつ、穂が垂れるような形でのせる（写真①）。
5 茶碗にご飯を少量盛り、4をのせる。

①

撮影／戸倉江里

〈熊本県〉
高菜めし

酸っぱくなった高菜漬けの古漬けをおいしく食べるために考えられた料理です。高菜漬けは阿蘇地域で昔からつくられている漬物。10月頃に種をまき、春、暖かな日差しで大きくなった高菜を1本1本丁寧に手で折りながら収穫して塩漬けにします。漬けてから日が浅い、緑色の「新漬け」はピリッとした辛みが特徴です。長期間漬けて色に深みが出た「古漬け」は辛みが抜け、乳酸発酵により酸味と風味が増しています。

酸味が強くなりすぎた古漬けは、そのまま漬物として食べるのではなく、炒めたり、刻んでご飯に混ぜこんだりして食べます。油で炒め、調味料を入れることで酸味がやわらぎ、コクと醤油の香ばしさやごまの風味が加わり、おいしくなるのです。また、刻むことで高菜漬けのうま味や塩け、酸味がご飯になじんで食べやすくなります。最近ではご飯も一緒に炒めてチャーハンのようにしたり、そこに卵や紅しょうがを加えることもあります。

協力＝後藤巌
著作委員＝原田香

＜材料＞ 4人分

温かいご飯…茶碗4杯（600g）
高菜漬け（古漬け）…100g
うす口醤油…小さじ2
白すりごま…小さじ2
油…大さじ1

＜つくり方＞

1 高菜漬けは洗って水けをしぼり、細かく刻む。水けが多い場合はここでもう一度しぼる。
2 フライパンに油を熱し、高菜漬けを入れて油が全体に回るように炒める。
3 醤油を回し入れ、醤油がなじんだら器にとって冷ます。
4 ボウルにご飯と**3**、すりごまを入れて混ぜ合わせる。

高菜漬けの古漬け。1カ月ほど漬けこむと色が深くなり、酸味も増す

〈大分県〉

物《もっ》相《そう》

県北に位置する宇佐市と中津市でつくられているご飯です。北部に広がる宇佐平野は、県内最大の穀倉地帯となっていますが、以前はここでも米は貴重品で、祭りやお祝いのときなど、大人数が集まるハレの日には、大切なご飯をいかに公平に分けるかが重要でした。そこで利用したのがご飯を盛りつける抜き型の物相です。ここでは枡《ます》型のものがよく使われてきました。一合物相なら1合分の米を炊いたご飯が、二合物相なら2合分の米を炊いたご飯が入るので、一人一つお膳につけることで、皆に同じ量、同じ大きさのご飯を行き渡らせることができます。皆に等しくご飯が配膳されることがうれしかったといいます。

物相には、このように混ぜご飯を入れることもあれば、具の入ったすし飯やおこわを入れることもあります。具はとくに決まりはなく、家にあるものを使います。甘辛く炊いた具とご飯がなじんでおいしく、以前は一人で米1合分くらいは平気で食べていました。

協力＝末松恵美、岩野總子
著作委員＝西澤千恵子

＜材料＞ 一合物相　2個分

米…2合
水…2カップ（400mℓ）
干し椎茸…2枚
油揚げ…1/2枚
ごぼう…1/4本
にんじん…1/2本
椎茸の戻し汁…1/2カップ
砂糖…大さじ1と1/2
塩…小さじ1
錦糸卵…卵1個分
でんぶ、つくしの佃煮、木の芽（好みで）
　…適量

＜つくり方＞

1 ご飯は分量の水でかために炊く。
2 干し椎茸は水で戻し、薄切りにする。
3 油揚げは細切り、ごぼうはささがき、にんじんはせん切りにする。
4 **2**と**3**を椎茸の戻し汁で煮て、やわらかくなったら調味料を加え、汁けが飛んだら火を止める。
5 炊き上がったご飯に**4**を混ぜる。
6 物相箱にご飯を詰め（写真①）、蓋をしてご飯を押し出す（写真②、③）。
7 器に盛り、錦糸卵と好みででんぶ、つくしの佃煮、木の芽をのせる。

◎物相の上には白身魚の刺身を一切れ飾ることもある。

撮影／戸倉江里

〈大分県〉

鶏めし

鶏めしは県全域で食べられているご飯ですが、もともとは山間部の農家のごちそうでした。海が近い地域では、祝いごとがあるとあじずしなど新鮮な魚を使った料理をつくりますが、海から離れた山間部や農村部では家で飼っている鶏を男衆がしめ、女衆が鶏めしをつくりました。たっぷり入った鶏肉と干し椎茸、風味の良いごぼうと甘い大分の醤油の相性は抜群で、冷めてもおいしく食べられます。

昔は鶏の世話は子どもたちの仕事でした。ヒナから育て、エサをあげたり卵をとったりと毎日面倒をみていたので、鶏をしめるときは悲しかったといいます。ただ、鶏めしになるともう別物で、喜び飛びついて食べたそうです。

人がたくさん集まる稲刈りの日の小昼《こびる》には、鶏めしを一升釜で炊き、おむすびにしたものをもろぶたに並べて持って行きました。うりやきゅうり、なすなどの味噌漬けと鶏めしがあれば十分で、きつい農作業もはかどりました。

協力＝宇都宮公子
著作委員＝宇都宮由佳

撮影／戸倉江里

＜材料＞ 4人分

米…3合
椎茸の戻し汁＋水
…3カップ弱（585mℓ）
鶏もも肉…500g
ごぼう…1/4本（50g）
にんじん…1/3本（50g）
干し椎茸…4枚
醤油（甘口）…大さじ4
砂糖…大さじ2

＜つくり方＞

1 米は洗い、ザルにあげる。
2 鶏肉は小さく切り、調味料に10分程度つけこむ。
3 ごぼうはささがき、にんじんは太めのせん切りにする。干し椎茸はぬるま湯で戻し、薄切りにする。
4 炊飯器に米と椎茸の戻し汁、水と3、2を漬け汁ごと加えて炊く。
5 炊き上がったらそのまま器に盛るか三角形ににぎる。具が多くくずれやすいのでややきつめににぎるとよい。

◎もち米を少し加えて炊くともちもちしておいしい。その場合は、うるち米の1割程度にし、うるち米より30分ほど前に洗ってザルにあげておく。

◎具を調味料と一緒に炒り煮してご飯に混ぜこむつくり方もある。

各地の「鶏めし」

昭和35～45年頃は祝いごとや祭りなどがあると、庭先で飼っている鶏をしめて鶏さし（刺身）、煮物、鍋、すき焼きなどにして食べることが多く、鶏肉をたっぷり使った鶏めしも各地でつくられました。鶏がメインではありませんが、岐阜県のかきまわし（p55）、鳥取県のしょうのけめし（p70）などでは少量の肉がだしとして使われています。今後発行する『どんぶり・雑炊・おこわ』にも、秋田県のきりたんぽ鍋、鹿児島県の鶏飯《けいはん》など鶏肉を使ったご飯料理が登場する予定です。

※既刊『肉・豆腐・麩のおかず』には各地の鶏料理を紹介しています。併せてご覧ください。

福岡県の かしわめし

鶏もも肉、油揚げ、干し椎茸、たけのこ、にんじん、糸こんにゃくなどを使った炊きこみご飯。福岡県では「にわとり」のことを「かしわ」と呼んだため、かしわめしの名がある。お祝いには鶏1羽をしめて、かしわめし、がめ煮（鶏骨つき肉と野菜の煮物）、だご汁などをつくった。運動会や祭りには、食べやすいようにおにぎりにした。

三重県の 鶏めし

鶏もも肉、にんじん、こんにゃく、干し椎茸を使った混ぜご飯。油で炒め、醤油や砂糖で煮た具を混ぜるので、ご飯の色がまだらになる。伊勢講や12月の山の神などの寄り合いに男衆がつくった。春はたけのこを加える。おもに県北勢地域で食されており、鈴鹿市は鶏めしと呼ぶが、四日市市では塩飯（しおはん）、鶏（かしわ）めしと呼ぶ。

愛知県の 鶏めし

鶏肉、ごぼう、にんじんを使った混ぜご飯。材料を鶏の脂で炒めてから醤油や砂糖で煮る。養鶏とにんじん栽培がさかんな碧南（へきなん）市では、養鶏がさかんな地域は鶏肉を、にんじん栽培のさかんな地域はにんじんを多く入れる。同じ具で炊きこみにする地域もある。

協力　長田勇久（愛知県）、渥美弘子、川島香代子、渥美静子、鈴木政子（以上三重県）、岡崎浩（福岡県）
著作委員　森山三千江、山本淳子（以上愛知県）、飯田津喜美（三重県）、宮原葉子（福岡県）
撮影　五十嵐公（愛知県）、長野陽一（三重県、福岡県）

鶏めし

〈長崎県〉

諫早《いさはや》市は県のほぼ中央に位置し、古くから干拓が進められ、県下最大の穀倉地帯として栄えた地域です。鶏めしは諫早の目代《めしろ》地方に伝わる料理です。当時、山間部の農家はどの家でも農耕用の牛を飼っていました。時折、集落の人で集まって牛庭《うしにわ》（牛の削蹄《さくてい》）を行なった際に廃鶏をつぶして皆で食べていたのが鶏めしです。鶏のことは〝といい〟といっていたため、「といめし」と呼んでいたそうです。

鶏めしの肉は廃鶏でかたく歯ごたえがあるので、小さく切りますが、噛んでいるうちに独特の味が出てきます。以前は家で飼っている地鶏をつぶし、米1升に対し醤油茶碗1杯とダイナミックな味つけでした。白米のご飯と鶏をつぶすことがごっつ（ごちそう）であり、めったに台所に入らない男性が集落の行事や来客時などに腕をふるってつくってくれることから、最高のほとめき（歓待）料理でもありました。今でも地元のスーパーには、鶏めし用のかたい肉が「親どり」として並んでいます。

協力＝加藤秀子、毎熊美知恵、川添敦子　著作委員＝石見百江、冨永美穂子、久木野睦子

撮影／長野陽一

＜材料＞ 4人分

米…2合
水…2カップ（400mℓ）
鶏肉…100g
干し椎茸…2枚（4g）
ごぼう…80g
にんじん…1/4本（40g）
うす口醤油…大さじ2
酒…大さじ3
油…大さじ1
干し椎茸の戻し汁…1/2カップ

＜つくり方＞

1. 鶏肉は7mmほどの角切り、干し椎茸は水に戻して細いせん切り，ごぼうはささがき、にんじんは細いせん切りにする。
2. 米は洗って、30〜60分水きりしたあと、水を加えて炊く。
3. 鍋に油を入れて鶏肉を炒め、にんじん、椎茸、ごぼうを加えて炒め、椎茸の戻し汁を加えて煮る。野菜に火が通ったら、酒、醤油を加えて味つけし、汁がなくなるまで煮る。
4. 炊き上げたご飯に**3**を混ぜ合わせる。

〈沖縄県〉
クファジューシー

撮影／長野陽一

<材料> 4人分

米…2合
豚三枚肉（バラ肉）…80g
カステラかまぼこ*…40g
にんじん…1/4本（40g）
干し椎茸…2枚
ひじき…4g
青ねぎ…適量
【調味料】
塩…小さじ1
醤油…大さじ1
豚の脂（ラード）もしくは油
…小さじ1
【だし】
だし汁（かつお節）
…1.5カップ（300mℓ）
豚だし（豚肉のゆで汁）
…1カップ（200mℓ）

*魚のすり身と卵を合わせて蒸したもの。

<つくり方>

1 豚肉はたっぷりのお湯でゆでて冷ます。ゆで汁は豚だしとして使う。
2 米は洗い、水けをきる。
3 椎茸とひじきは水で戻す。
4 にんじん、椎茸、かまぼこ、ゆでた豚肉はあられ切りにする。
5 ねぎ以外のすべての材料と調味料、だしを入れて炊飯器で炊く。
6 できあがりに小口切りにしたねぎを散らす。

かつおだしと豚だしに干し椎茸も入って、だしのきいた深いうま味のご飯です。「ジューシー」とは炊きこみご飯・雑炊の意味ですが、沖縄ではクファ（かたい）ジューシーという炊きこみご飯、ヤファラ（やわらかい）ジューシーというおじやのような汁けの多い雑炊の2種類があります。クファジューシーは豚の脂でコクとつやを出すのが特徴ですが、最近では植物性の油を使う家庭が多くなっています。

日常的にもつくりますが、旧盆には盆の入り日（ウンケー＝お迎え、精霊迎え）に仏前に供えるウンケージューシー、冬至にはトゥンジージューシーといった行事食やお祝い料理としてもつくります。旧盆の女性は忙しく、普段の仕事や家事・育児を行ないつつ、祖先のお迎えの準備やウンケージューシーなどの行事食づくりもこなします。トゥンジージューシーは寒さが厳しくなってくる冬至に食べ、これからの寒さに備えるという意味があります。家庭によって田芋や里芋などを入れてつくります。

協力＝森山尚子、大嶺桂子、大嶺文子
著作委員＝大城まみ、田原美和、森山克子

ご飯を包む葉っぱや皮

農作業や山仕事の際、昼食やおやつで食べるご飯を
植物の葉や皮に包んで現地まで持っていきました。
個別にくるんでいるので手を汚さずに食べられて
葉や皮はその場で捨ててもゴミにならない、便利な素材です。

撮影／長野陽一、高木あつ子（ホオノキの葉）

トチノキ

ムクロジ科の落葉高木。葉柄の先に複数の葉がついているように見えるが、これで1枚の葉。縁はギザギザ。「つとっこ」では中央付近の小葉（長さ30cmほど）を使う。

→p110埼玉県のつとっこ

福井県の朴葉めし。塩を混ぜたきな粉をつけたご飯。田植えの合間のこびる（小昼）に食べる

岐阜県の朴葉めし。砂糖と塩味のきな粉（右）とごま塩。朴葉は1枚で包むが2枚を十字に重ねる地域も

ホオノキ

モクレン科の落葉高木。葉は長さ20～40cmと大きく縁はなめらか。香りがよく殺菌作用などもあり燃えにくいため、食べものを盛ったり包んだりするのに使われる。

→p108秋田県の木の葉まま

フキ

キク科の多年草。4月頃に芽を出し、長くのびた葉柄の先に大きな円形の葉（径30cmほど）が出る。独特の香りがあり、葉は包むだけではなく、佃煮にして食べられる。

→p112奈良県のふき俵

三重県のさぶらぎご飯。さぶらぎは田開きという意味。田植えの際に供える。中は豆のご飯

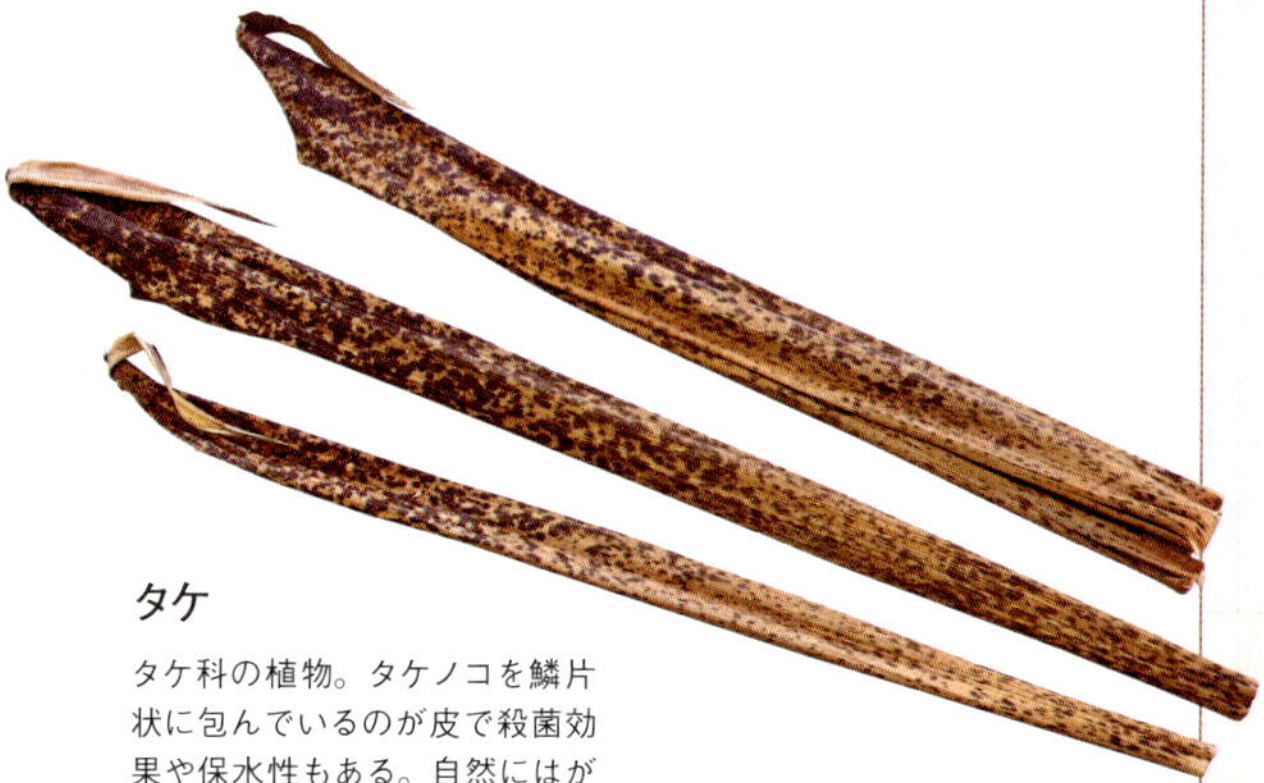

タケ

タケ科の植物。タケノコを鱗片状に包んでいるのが皮で殺菌効果や保水性もある。自然にはがれ落ちた皮を収穫する。モウソウチクやマダケが使われる。

→p114福岡県の鬼の手こぼし

協力／中森悦子（三重県）、JAたんなん女性部三代会（福井県）、神出加代子、幅節子（岐阜県）

おにぎり

田植えや山仕事、遠足などの弁当につくられてきたおにぎりは、昆布や漬物で包んだり、わかめやきな粉をまぶしたりと多彩でした。そんな各地のおにぎりと、香りがよく防腐効果もありゴミにならない、葉っぱで包んだ携帯に便利なご飯も紹介します。

〈北海道〉

醤油おにぎり

醤油味のおにぎりというと焼きおにぎりが一般的ですが、これは白飯を生醤油でにぎり、のりで包んだものです。白飯とのりのおいしさに醤油のうま味と香りが加わり、アルミホイルで包んでおくと、のりのしっとり感が増し、さらに味わい深くなります。北海道ではのりおにぎりに塩を使う家庭と醤油を使う家庭があり、道内のコンビニエンスストアでは、最近は醤油を使ったのりおにぎりも並んでいます。

醤油によって海産物特有の臭みが和らぐ効果があるためか、醤油おにぎりの具は鮭、筋子、たらこなどがよく合います。普段はかつお節に醤油を混ぜた具も使われます。いつ頃から醤油おにぎりがつくられていたかははっきりしませんが、札幌でうかがった話では明治生まれのおばあちゃんからお母さん、その子どもへと3代にわたり伝わっているとのことです。今ほどおかずが多くなかった時代、遠足や運動会にこの大きなおにぎりと魚肉ソーセージを持っていくことがとても楽しみだったそうです。

協力＝瀬川智恵子　著作委員＝菅原久美子

撮影／高木あつ子

＜材料＞ 4個分

炊きたてのご飯…米2合分

具（筋子、塩ザケ、たらこ、かつお節など）…適量

醤油…適量

焼きのり…2枚

＜つくり方＞

1 ご飯を熱いうちにご飯茶碗によそう。

2 真ん中をくぼませ、好みの具をのせ、手水で湿らせた手で軽く丸める。

3 手に醤油をつけて、おにぎりの全面にまぶす。

4 焼きのりを四つ切りにし、おにぎり1個を2枚でくるむ。再度醤油を手につけてにぎりながら丸形や三角に形を整える。

◎ご飯は少しかための方がにぎりやすい。

醤油おにぎりには筋子やたらこなど、海産物の具が合う

撮影／五十嵐公

＜材料＞ 4個分

炊きたてのご飯…米2カップ分（660g）
若生昆布*…幅15〜20cmのもの1〜2枚

*若生昆布は真昆布の1年目のものを指す。

＜つくり方＞

1 ご飯1/4を茶碗にとる。
2 若生昆布は切って23〜25cm長さのものを4枚つくる（写真①）、切り口が左右になるように横長に広げ、1のご飯を熱いうちに上にのせ、平らになるように広げる。
3 昆布の上下の端を内側に折りこむ（写真②）。左右の両端をご飯ごと中央に向かって折り（写真③）、そのまま真ん中で折りたたむ（写真④）。両手でにぎって半月形に整える。

①

②

③

④

〈青森県〉

若生《わかおい》おにぎり

2〜3月にとれる薄くてやわらかい真昆布の若芽、若生昆布を使ったおにぎりです。若生まんまとも呼ばれ、津軽半島の沿岸部、陸《む》奥《っ》湾や津軽海峡に面した地域で昔からつくられてきました。おにぎりは若生昆布とご飯だけとシンプルですが、若生昆布ならではの磯の香りと昆布についた塩けがご飯と合わさり、絶妙な味です。ご飯が熱いほど、色鮮やかな緑色のおにぎりになります。食べるときは、半月形のおにぎりを縦に持ち、上から食べると横になっている昆布の繊維を簡単に噛み切れます。

最近は、養殖の昆布が増えましたが、以前は2〜3月頃になると海岸の波打ち際に打ち寄せられた若生昆布を地元の人たちがカギ棒でひっかけてとっていました。昆布は潮風にあてて天日に干すことで風味が増しておいしくなります。今は冷凍庫で保存できますが、昔は半日ほど干したらすぐにおにぎりにして、畑仕事や山菜採り、漁師が沖に出る際のお昼ごはんに持って行き、季節の味を楽しんでいました。

協力＝間山ちよ　著作委員＝熊谷貴子

〈岩手県〉
小豆まんま

小豆まんまは、見た目は赤飯ですが、もち米ではなくうるち米を使います。塩味のきいた小豆ご飯をふんわりとにぎっているので、口当たりがよく小豆の風味もおいしく、いくつでも食べられそうです。

遠野市は北上高地にあり周囲を山々に囲まれた盆地で、北上川の支流である猿《さる》ケ《が》石川《いしがわ》が流れる豊かな水田地帯です。小豆まんまは、遠野では田植えの際、小昼《こびる》として食べられてきました。

小昼は、朝食と昼食の間、昼食と夕食の間など小腹がすいたときに食べる軽い食事やおやつのことです。田植えは家族や親戚など総出で行なうもの。小豆まんまは重労働の中でひと休みするときに出され、手が汚れていてもいいように、昔はホオノキの葉で包んで食べたそうです。煮豆や昆布の煮物、漬物、甘酒の用意もあり、小昼を楽しみに作業をしました。秋の稲刈りや稲こきのときは、小豆まんまではなく、がんづき（小麦粉、黒砂糖、味噌などでつくる茶色い蒸しパン）やふかしいもなどを食べました。

協力＝菊池ナヨ、佐々木京子
著作委員＝村元美代

撮影／奥山淳志

＜材料＞ 4人分

米…2カップ（340g）
小豆の煮汁…2.4〜2.5カップ（米重量の1.4〜1.5倍）
小豆…1/4カップ（40〜50g）（米重量の12〜15％）
塩…小さじ1弱（米重量の1〜1.5％）

＜つくり方＞

1 小豆は洗って鍋に入れ、かぶるくらいの水（分量外）で煮て、沸騰したら一度お湯を捨てる（渋きり）。つぎに3カップ（分量外）の水を入れて加熱し、指でつぶしたときに少しかたいくらいにゆでる。小豆をザルにとり煮汁と分け、煮汁は人肌程度まで冷ます。
2 洗米して水けをよくきり、分量の煮汁に浸して30〜40分吸水させる。
3 2に、塩とゆでた小豆を混ぜ炊飯器で炊く。
4 手に水をつけてご飯をにぎる。炊くときに加える塩が少ない場合は、塩水を手水にしてにぎり、ご飯に塩味がつくようにする。

〈山形県〉
弁慶めし

　味噌をつけたおにぎりに青菜《せいさい》漬けを巻いて軽くあぶったもので、名前は武蔵坊弁慶《むさしぼうべんけい》からきています。源義経一行が兄・頼朝から追われ奥州《おうしゅう》の平泉に逃げる途中、羽前《うぜん》の国、現在の新庄から最上町《もがみまち》の亀割峠《かめわりとうげ》に向かいました。青菜を巻いたおにぎりが袈裟《けさ》で顔を覆い隠した弁慶の姿に似ていたからとか、食料調達に困った弁慶に出羽の村人が味噌をつけた焼きおにぎりを渡したから、など諸説あります。

　弁慶めしに使う漬物は昔は体《たい》菜《さい》やへら菜が主流でしたが、現在は青菜（からし菜の一種）を使っています。繊維がやわらかくしゃきっと食感もよく、ほんのりと酸味と辛みのある味わいがご飯と相性がよいのです。青菜漬けとして食べるほか、塩抜きをして油で炒めたりもします。弁慶めしは青菜と味噌の焦げた香りが食欲をそそり、朝出かける前に食べると力がつきます。祖母や母親がつくってくれた温かい弁慶めしを朝ごはんにして、子どもたちは寒い冬も元気に学校にでかけました。

協力＝菅原良和、菅原律、上林明美
著作委員＝佐藤恵美子

撮影／長野陽一

＜材料＞ 1個分

ご飯…茶碗1杯分（150g）
味噌…大さじ1
青菜漬け…大1枚または小2枚（約50g）

＜つくり方＞

1. 丸いおにぎりをつくり、表面に味噌をつける。
2. 青菜漬けの葉は大きければ芯の部分をとって半分に切り、1に巻く。
3. コンロに焼き網をのせ、中火で、ほんのりと表面に焦げ目ができるまで両面を焼く。

◎弁慶めしは温かい方がおいしい。おにぎりが冷たい場合は中心部まで火が伝わるように、やや弱火にしてじっくりと焼く。表面を焦がしすぎないように注意する。

＜青菜漬けのつくり方＞

1. 青菜2kgは1〜2日、天日に干し、しんなりとさせる。
2. 青菜の根元に縦に切りこみを入れ、3％の塩をふり入れ、3％の塩水4カップを注ぐ。重しをして2〜3日下漬けする。
3. 醤油150g、酢と砂糖各40g、焼酎100gを合わせて火にかけ、調味液をつくる。
4. 下漬けした青菜をよく洗って水けを十分にきり、別の容器に入れて3の調味液をかける。
5. 軽めの重石をかけ、常に青菜が調味液につかっている状態で漬けこむ。3日ほどして調味液がなじんだらできあがり。

〈新潟県〉

けんさん焼き

香ばしい焼きおにぎりです。おろししょうがを混ぜた味噌が風味を一層よくしています。名前の由来は、上杉謙信がかたくなったおにぎりを剣先に刺して焼いて食べた「剣先焼き」がなまったという説や、「献残焼き」または「献餐焼き」と書き、献上した年貢の残りの米でつくった、という説もあります。魚沼地域では、残ったご飯をおいしく食べる庶民的なごちそうとして伝わっています。

田植えのときの食事としてもつくりましたが、「秋ごと」や「年始招《よ》び」には必ずつくったものだそうです。秋ごととは米の収穫祝いで、11月の中～下旬に稲刈りの手伝いの人や親戚縁者を招く祝宴です。年始招びは元旦の〝大正月〟に対して〝小正月〟と呼ぶ1月15日に、嫁や婿に行った子どもたちや親戚が集まる日です。ごっつぉ（ごちそう）が終わってひと休みした頃、しめの夜食にけんさん焼きが出されました。けんさん焼きは雪がしんしんと降り積もる夜の囲炉裏端の懐かしい風景を思い出すご飯です。

協力＝関タカ子
著作委員＝伊藤知子、山田チヨ

撮影／高木あつ子

＜材料＞ 4人分

ご飯…茶碗6杯（800g）
しょうが…1かけ（20g）
味噌…大さじ3と1/3（60g）

＜つくり方＞

1 しょうがをすりおろし、味噌と混ぜ合わせてしょうが味噌をつくる。
2 1人2個になるよう、ご飯が温かいうちに平たく丸形に8個にぎる。
3 オーブントースターか焼き網を温め、おにぎりに両面軽く焼き色をつけ、その上にしょうが味噌を塗り、もう一度あぶるようにして軽く焼く。フライパン、グリル、ホットプレートなどを利用してもよい。

◎時間がたって冷たくなったおにぎりも、表面を焼くことでふっくらとやわらかさがよみがえる。

◎焼き上げたものを茶碗に入れ、上からお茶をかけてお茶漬けにしても、香ばしい味噌の味がしておいしい。

撮影／高木あつ子

＜材料＞ 9個分（重箱1箱分）

炊きたてのご飯…6合分
きな粉…120g
塩…小さじ2*

*塩の量は好みで加減する。家庭によっては砂糖と塩で調味する。

＜つくり方＞

1 きな粉と塩を混ぜ合わせ、バットに広げる。
2 ご飯は熱いうちに大人のにぎりこぶしほどの大きさに丸くにぎる。
3 2を1の中で転がす。

手前はお田植えの煮物。きな粉むすびと一緒にお供えする

〈長野県〉

きな粉むすび

このおむすびは、きな粉を秋の黄金の稲穂や米の花の黄色い花粉に見立て、よく花が咲いて豊かな実りがあるようにと、豊作の願いをこめたごちそうでした。田んぼの水口《みなくち》に柳の枝などで田の神様の依《よ》り代《しろ》をつくり、豊作や無事を祈り、家族総出で親戚や近所の人と助け合って田植えをしました。田植えは田んぼが一番にぎわう「お祭り仕事」で、共同作業後の昼食やこびり（休憩の時の間食）に、きな粉むすびや田植え煮物などを食べました。

田植え煮物には身欠きにしんや凍み大根を使い、なかでも凍み大根の煮物はたくさんの水を含むので、田んぼに水が豊富にあることを願って食べたものです。きな粉むすびは、忙しい仕事の合間なので、大きくにぎり、重箱などに入れ、風呂敷に包んで田んぼまで背負って行きました。「大根の味噌漬けを細かく切って中心に入れた」「砂糖が入った甘いきな粉むすびはごちそうだった」「富貴の葉といってふきの葉にのせて食べた」などの思い出話が語られました。

協力＝木原喜美子、池田玲子
著作委員＝中澤弥子

〈富山県〉

とろろ昆布おにぎり

富山でおにぎりといえば、のりではなくとろろ昆布で巻いたおにぎりのことです。とろろ昆布は酢漬けした昆布を薄く削ったもので、ほんのりとした酸味と昆布の風味でご飯との相性が抜群なのです。

他県ではとろろ昆布はときどき吸い物やうどんに入れるくらいのようですが、富山では、県全域の家庭で常備されています。町内の会合や祭り、運動会など人が集まる場では決まってとろろ昆布のおにぎりが出て、おいしくてついつい食べすぎてしまいます。遠足の弁当でも定番です。登山のとき、のりのおにぎりは持ち歩くうちにのりがべとべとになってしまいますが、とろろ昆布はずっとやわらかくおいしさを保ってくれます。

とろろ昆布には白と黒があり、黒は昆布の表面を削っており、白よりも酸味が強いです。白は昆布の芯に近い部分が多く、ソフトな食感になります。好みはそれぞれですが、子どもからお年寄りまで好き嫌いなく食べられています。

協力＝惣万洋子、四十物直之
著作委員＝深井康子、守田律子、原田澄子

＜材料＞ 4人分（8個分）

米…4合
水…4.5カップ（900mℓ）
梅干し…4個
かつお節…20g
醤油…大さじ1
白とろろ昆布…20〜30g
黒とろろ昆布…20〜30g

左：黒とろろ昆布、右：白とろろ昆布

＜つくり方＞

1 米を洗い、ザルにとり水をきる。
2 水を加え30分浸し、ご飯を炊く。
3 とろろ昆布はほぐして白、黒それぞれ平皿などに広げる（写真①）。
4 梅干しを入れてにぎったおにぎり4個を白とろろ昆布にのせ、全体にまぶすように転がす（写真②、③）。
5 かつお節に醤油を加えて混ぜたものを入れてにぎったおにぎり4個に、4と同様に、黒とろろ昆布をまぶす。

①

②

③

とろろ昆布のつくり方

とろろ昆布はいろいろな種類の酢漬けした昆布を重ねてかためて、その断面を削ったもので、どんな昆布をブレンドするかで特徴の違う製品ができます。同様に使える酢漬け昆布の加工品でおぼろ昆布がありますが、これは1枚の昆布の表面を薄く削ったもので、職人が手で削ったものと機械製があります。

おぼろ昆布は1枚の昆布を削る。表面は黒く、芯に近いほど白くなる

次々と流れてくるとろろ昆布。できあがりは1枚の布のよう

薄くスライスしていく。断面は木の年輪のようになっている

とろろ昆布は種類の違う昆布を重ねてプレスしてかためる

撮影／長野陽一

〈三重県〉

めはりずし

めはりずしは高菜の漬物で熱いご飯を包んだおにぎりで、三重県と和歌山県にまたがる熊野地方に伝わる郷土料理です。昔は茶碗3杯分のご飯を大きな葉1枚で包んだそうで、目を見張るほどの大きさからその名がついたとも、目を見張るほどのおいしさからついたともいわれます。

この地域ではどこでもめはりずしをつくりますが、県南西部、熊野市山間部の五郷町《いさとちょう》や飛鳥町《あすかちょう》では赤《あか》大葉高菜《おおばたかな》という、葉の表側が濃い赤紫色で、辛みが強くて香りがよい品種を使います。冬の気温が低く良質な赤大葉高菜ができるので、室町時代からこの地で育てられているとのこと。葉を外側から1枚ずつ収穫して塩漬けにします。赤い汁が多少出るので、この高菜の漬物でつくっためはりずしを「紫のすし」と呼ぶ子どももいるそうです。もともとは酸っぱくてべっこう色になった古漬けを使ってつくりましたが、においもきついので、最近は低塩で色鮮やかな新漬けの冷凍品を使う人が増えています。

協力＝植田榮子、舛屋洋子、中田早姫美
著作委員＝奥野元子、成田美代

撮影／長野陽一

<材料> 3個分（1人分）

炊きたてのご飯…200g（2/3合分。好みで加減する）
赤大葉高菜の塩漬け…3枚
酢、醤油…適量

<つくり方>

1 高菜の塩漬けはさっと洗い、軽くしぼる。広げて葉と茎を切り分ける（写真①）。
2 茎は細かくみじん切りにする。葉は巻きやすいように、切れ目の部分を重ねて整える。
3 茎のみじん切りを酢醤油につけ、ご飯の真ん中に入れて俵形ににぎる。
4 広げた葉の上に3のおにぎりをのせ、包む（写真②）。包んだ上から再度軽くにぎって形を整える。

撮影／五十嵐公

＜材料＞ 6個分

炊きたてのご飯…2合分
下北春まなの漬物…200g
酢…1/2カップ弱（90mℓ）
醤油…大さじ3（45mℓ）
ゆずのしぼり汁…1/2個分

＜つくり方＞

1 下北春まなの漬物を軽く水洗いしてしぼり、茎部分を切り落として葉を広げ、調味料とゆずのしぼり汁にひたして下味をつける。
2 切り落とした茎部分を細かく刻み、1の調味液につけて味をつける。
3 ご飯の中心に2を入れて俵形のおにぎりをにぎる。
4 1の葉を広げておにぎりをのせ、包むように巻く。

中に入っているのは刻んだ茎の部分

〈奈良県〉

めはりずし

吉野地域でつくられる「めはりずし」は高菜漬けが使われることが多いですが、県南の下北山村では特産の下北春まなの漬物を使います。下北春まなは、昔から下北山村の家庭の庭先でつくられてきた漬け菜で、収穫後はそれぞれの家庭で漬物づくりが行なわれてきました。

下北春まなの収穫は12月から3月で、昔は冷蔵施設がなかったので夏を越した漬物は発酵が進んで黄色くなり、秋になる前には食べ切っていました。今は春先に漬けたものを冷凍しておくため、めはりずしは年中つくられており、夏の暑い時期や食欲のないときにも食べます。緑の鮮やかな春まなにゆずの香りがきいた酢醤油の味がしみて、葉もやわらかいので歯切れのよさを楽しむことができます。収穫したての新鮮な下北春まなが手に入る春先は、ゆでただけの春まなで包む「春まなずし」もあり、これは酢醤油の代わりに酢味噌をつけていただきます。

協力＝大崎邦子、辻道子
著作委員＝三浦さつき

〈和歌山県〉

めはり

山々に囲まれる県南東部の新宮市熊野川町は、山林が9割以上を占めています。林業の他、かつては石炭を掘る炭鉱も多く、山仕事などの弁当としてめはりがつくられてきました。

この地域のめはりは、ご飯に細かく刻んだ芯の部分を混ぜこみます。高菜のピリッとした辛さと、漬物特有のほのかな酸味と塩味で白飯がおいしく、めはりをつくるとご飯がたりなくなるといわれるほどです。どの家庭でもこれを味噌汁と一緒にいただきます。

高菜は、収穫期の冬から春に塩漬けにし、夏になり酸味が出てくると味噌に漬け替えます。塩漬けを冷凍しておく人もいますが、歯ざわりが悪くなるそうです。生の高菜がある冬から春は色よくゆでた葉に酢味噌を塗り、ご飯をのせて「生めはり」もつくります。甘酸っぱい酢味噌とさわやかな高菜の組み合わせがおいしく、ご飯が温かい「あったかめはり」はとくに好まれます。こうして熊野川町では一年中めはりを食べています。

協力＝玉置達子
著作委員＝青山佐喜子、橘ゆかり

＜材料＞ 10個分

炊きたてのご飯…2合分（640g）
高菜の塩漬け…10枚（約250g）
醤油…大さじ1/2強（10g）
みりん…小さじ1弱（5g）

＜つくり方＞

1 高菜の塩漬けを薄く塩味が残る程度まで水にさらし、しっかりとしぼって水分をとり除く。
2 葉と芯に切り分け、芯は細かく切る。
3 温かいご飯に細かく切った芯（約60g）を混ぜる。
4 醤油とみりんを合わせたたれを手に薄くつけながら**3**を俵形ににぎり、葉で包む（写真①）。食べるときに酢醤油をつけてもよい。

◎「生めはり」は、生の高菜を1〜2分ゆで、葉の部分を手のひら大に広げて酢味噌を塗り、ご飯をのせて俵形ににぎる。

高菜の塩漬けのつくり方

1 材料の高菜は大きくなった葉を外葉からかいて収穫する。
2 水で洗い、13％程度の塩で漬ける。軽く塩をふった樽に底が隠れるくらい高菜を広げ、均一に塩と赤唐辛子をふる。
3 **2**の上に葉の向きをずらして高菜を広げ、また塩と赤唐辛子をふる。これを繰り返して全量を入れ、押し蓋と重石をして漬けこむ。
4 1週間ほどして水が上がったら、高菜をとり出してよくもみ、その汁を捨てる。これでアクが抜けて色がよくなり、葉もやわらかくなる。
5 きれいにした樽にそのまま再度漬けこむ。長期に保存する場合は塩をたす。味噌に漬け直してもよい。

九州では高菜は株で収穫して漬けこむが、熊野地方ではかき菜を使う。そのため葉の大きさがそろう

葉の向きをずらし、塩と赤唐辛子をふりながら漬ける

めはりは大きな葉のまま使うが、漬物として食べるときは刻む

手前がめはり、奥は生めはり

撮影／高木あつ子

ばくだんにぎり

〈島根県〉

岩のりを贅沢に使い、おにぎりを真っ黒になるまで包む姿が「ばくだん」のようなので、こう呼ばれています。日本海に浮かぶ隠岐《おき》の島で愛されている代表的な郷土料理で、岩のりに醤油をつけてから温かいご飯に巻くと、のりの花が咲いて（のりが毛羽立つようになり）、磯の香りが立ち、しゃきしゃきとした歯ごたえが楽しめます。このおいしさを味わうため、ご飯には具を一切入れずにつくるのです。

隠岐の島周辺は寒流に対馬暖流が交わり魚の種類が多く、のりやわかめなどの海藻も豊富にとれます。冬は本土との連絡便も途絶するほど季節風が強く、波が高くなりますが、この荒波がおいしい岩のりをつくります。

昔は、12月終わりから2月にかけ波の穏やかな日に「す」がたちました。「す」というのは、集落の全員でいっせいに採取する漁期のことです。のりのすがたつ（解禁になる）と小学校も午前中が休みになり、子どもたちも一緒にのり摘みに行ったそうです。

協力＝松田照美、馬場モトエ、林信子、前田秀子　著作委員＝藤江未沙、石田千津恵

撮影／高木あつ子

＜材料＞ 4個分

炊きたてのご飯…茶碗4杯分（600g）
岩のり…2枚（10g）
醤油…大さじ1弱

＜つくり方＞

1. ご飯を4等分にして丸くにぎる。
2. コンロの上にきれいな魚焼き網をのせ、岩のりを中火または弱火で焦がさないようにあぶる。透かしてみて黒色が緑色に変わり、パリパリになればよい（写真①左）。火が強かったり、焼きすぎると焦げて苦くなる。
3. 岩のりを半分に切り、片面に醤油をつけ、醤油のついた面を内側にして1のおにぎりを包み、形を整える。

撮影／高木あつ子

＜材料＞ 4人分

炊きたてのご飯…米3カップ分
香茸の塩漬け…1カップ

＜つくり方＞

1　香茸の塩漬けは外側の塩をふり落とし、細かく刻む。
2　炊きたてのご飯と混ぜ、三角むすびにする。

◎むすびは竹の皮にくるむか、竹で編んだかごに入れるとよい。竹の皮には保水性があり、乾燥しにくく蒸れない。

香茸の塩漬け。生の香茸に熱湯をかけてアクを抜き、半日ほど干してから手でさき、塩を全体にまぶす。ご飯に混ぜるほか、お茶漬けにしてもおいしい

〈広島県〉

香茸《こうたけ》むすび

香りのきのこと書く香茸は、秋になると山県《やまがた》郡内の雑木林に生える天然きのこです。県西北部の中国山地の山々に囲まれた地域では昔は背負子《しょいこ》いっぱいにとれ、香りがよいので、保存して、おめでたい席や法事の会席の貴重な食材としていました。今は年々とれる量が減っているので、手に入ったときは大事に少しずつ楽しみながら食べています。

香茸はそのままではアクが強く舌がピリピリするので、塩漬けや天日干しにして使います。塩漬けの容器の蓋を開けると、落ち葉や湿った土のにおいと、濃縮されたきのこの香りとが混ざり合い、特有な香りを放ちます。これを白いご飯と合わせると、きのこのコクのある旨みや香りが口の中にふわっと広がり、コリコリとした食感が楽しめます。今も秋祭りには香茸むすびをつくるそうで、初めての人には香りが強く好き好きはありますが、地元ではとても懐かしい味です。

協力＝梅木麗子、小田千里
著作委員＝政田圭子

〈山口県〉

わかめむすび

刻んだ干しわかめをおにぎりにまぶしただけですが、天然の塩けと磯の香りが広がっておいしいものです。田植えや畑仕事には梅干し入りのわかめむすびに漬物があれば、他におかずは必要ありませんでした。普段の弁当や遠足にもよく持って行きました。

かつては、収穫したわかめはそのまま、または水でさっと洗い、天日で乾かしたらわらで束ねていました。干しわかめはそのままではかたくて刻めません。そこで、一晩夜露にさらしたり、ぬれ布巾にくるんでから刻みました。今では刻んだものが販売されています。とれ始めの新わかめだとやわらかく、香りもひときわよいものです。

日本海に面する北浦地区(長門市、萩市)でとれるわかめは質量ともに定評があり、とくに干しわかめを刻んだものが有名です。わかめにしそやごま、梅やじゃこなどを混ぜたふりかけも売られていますが、素朴な磯の香りを味わえるのは何といっても干しわかめだけを使ったものだと思います。

協力＝小林小夜子、岡藤洋子
著作委員＝池田博子

撮影／高木あつ子

<材料> 3個分

干しわかめ…15g
ご飯…300g

<つくり方>

1 干しわかめをぬれ布巾にくるんで全体を均一に湿らせ、包丁で細かく刻む(写真①)。
2 おにぎりを3個つくり、刻みわかめをまぶす。芯に梅干しを入れてもよい。

左から干しわかめ、湿らせた状態、刻んだ状態

〈佐賀県〉

えんどう豆のおにぎり

撮影／戸倉江里

<材料> 6人分（12個分）

米…3合
水…3.25カップ（650㎖）
えんどう豆…120g
塩…小さじ1
奈良漬け、にんじんの味噌漬けなど
…適量

<つくり方>

1 米を洗い、水とえんどう豆、塩を入れて炊く。
2 炊き上がったご飯で三角おにぎりをつくる。1個100g程度で12個つくる。
3 奈良漬けやにんじんの味噌漬けと一緒にいただく。

観音山の頂上にある石碑

有田では、6月1日は「山のぼり」の日となっていて、昔は休日でした。この日は仲間と旅行や同窓会などで集まり、その際には、ちょうど季節を迎えるえんどう豆をたっぷり入れたおにぎりがよくつくられました。

「山のぼり」というのは、かつては有田焼の窯元に勤める職人さんの慰労として、町内にある小高い「観音山」にのぼり、宴を開いたことに由来するそうです。さらにさかのぼれば、有田焼の歴史を開いた朝鮮人陶工たちが故郷を偲んで集まったのが始まりともいわれます。観音山の頂上には観音像の石碑があり、町の様子を見渡すことができます。

6月1日は夏越《なご》しの祓《はら》えの日でもあります。全国的には6月末に行なわれるようですが、有田では山のぼりの時期と一緒になっています。観音山の近くにある八坂神社では鳥居に茅《ち》の輪がとりつけられ「水無月《みなづき》の夏越しの祓いをする人は千歳《ちとせ》の命延《の》ぶというなり」と唱えながら3回くぐって健康を祈ります。

協力＝二宮辰子、松尾浩子、原口恭子、小柳悦子　著作委員＝副島順子、武富和美

〈宮崎県〉

こなます

沖合を黒潮が流れる日向灘はかつおの宝庫で、深い入江をなす日向市細島《ほそしま》は日向国《ひゅうがのくに》一の港町として知られています。漁師たちはかつお一本釣り漁に出かけ、とれたての魚を細かく切って塩なますにして昼めしをとり、残った塩なますはご飯とこねておにぎりにして、動力船の熾火《おきび》の灰の中で蒸し焼きにして持ち帰りました。このおにぎりが「こなます」で、名前の由来は「こねまわすから」「ご飯（米）と塩なますを混ぜたから」などがあります。船上ではコラーゲンの多い目玉を入れて粘りをだし、血合いや心臓も入れました。

新鮮なので生臭さなどはなく、魚の旨みがしみこんだもちもちとしたご飯と、焼いた香ばしい香りに、つい手がのびます。かつおは、春はホンガツオ(カツオ)、夏はハガツオ、秋はソウダガツオの仲間のヒラソウダなど、その時期にとれるものを使います。現在漁師で船に乗っている人たちも子どもの頃は、かつお船が戻るときの土産のこなますが楽しみだったそうです。

協力＝島田元子、疋田清美
著作委員＝篠原久枝、長野宏子

＜材料＞ 4人分

米…4合
水…4.3カップ(860mℓ)
カツオ(皮つき)*…400g
塩…大さじ1

*カツオ、ハガツオ、ヒラソウダなどを三枚におろし、血合いを除いて背身と腹身に切り分けたもの。

ヒラソウダは血合いが多く鮮度が落ちやすいので細島以外では市場に出回らないが、脂がのっていて安価でおいしい

＜つくり方＞

1 米を洗って炊き、大きめのボウルに移して冷ます。ご飯が熱いと魚の身が煮えるのでよく冷ます。
2 カツオをたたきの要領で、皮側だけを強火のガスで10～20秒ほど香ばしくなるまで焼く(写真①)。こうすると皮と身の間の脂肪が溶けてまろやかになる。
3 焼いたカツオを包丁でたたく。あまり細かくなくてよい(写真②)。
4 冷めたご飯に3と塩を入れ、粘りが出るくらい素手でよくこねる(写真③、④)。
5 丸いおにぎりをむすび、真ん中を少し押さえて平たくする(写真⑤)。炭火やガスコンロに焼き網をのせ、こんがりと焼き色がつくまで焼く。

撮影／高木あつ子

〈秋田県〉

木《こ》の葉《は》まま

木の葉はホオノキの葉、ままはご飯。朴《ほお》の葉で、きな粉ご飯を包むだけの簡単な携行食です。野山に自生している植物を食べものの包装に利用しています。朴の葉の香りときな粉の香味、黒砂糖の甘味が生み出す味は絶妙です。

由利《ゆり》本荘《ほんじょう》市は県の南西部に位置し、山間地域と子吉川《こよしがわ》流域、日本海に面する海岸平野の3地域から構成されます。木の葉ままを食べるのは山間地域や子吉川流域で、水田が多くホオノキが生育しており、豪雪地帯も含まれています。

木の葉ままは田植えに欠かせない食べものです。5月下旬〜6月の暦を見て、良い日に早開き（初田植え）を行ない、苗と木の葉ままを神様にお供えして、田植えが無事にできることを祈りました。昭和30年代は、田植え機がなく、田植え風景はのどかだったそうです。10時と3時の小昼《こびる》は、しばしば朴の葉に包んだ「きな粉ご飯（木の葉まま）」が出され、土手に足を伸ばして食べたのは懐かしい思い出だと、地元の方が話してくれました。

協力＝佐々木カヅ、川上陽子
著作委員＝三森一司

<材料> 5個分

温かいご飯…2.5合分
きな粉…50g
砂糖…50g
黒砂糖…50g
塩…少々

朴の葉10枚、いぐさ5本

<つくり方>

1 きな粉に砂糖、黒砂糖、塩を混ぜる。
2 朴の葉を水で洗い、水けをきる。
3 朴の葉2枚を十字におき（写真①）、1のきな粉を大さじ1ほど敷く（写真②）。温かいご飯を茶碗に盛り、その上にふせて（写真③）盛り、その上に1のきな粉を大さじ1ほどかける（写真④）。
4 外側の朴の葉で包み（写真⑤）、さらに内側の朴の葉で包む（写真⑥）。
5 外側からいぐさで十字にしばる（写真⑦）。
6 ご飯が冷め、朴の葉の香りときな粉がご飯になじんだ頃に包みを開き（写真⑧）、葉の外側から手に持って、ご飯ときな粉を混ぜ合わせる。箸などは使わず、直接食べる。

撮影／高木あつ子

〈埼玉県〉

つとっこ

秩父地方の山間部には、トチノキが林立しており、その葉や実を食生活に利用してきました。これは、トチの葉で米を包んだ料理で、地域によって「つつっこ」とも呼ばれています。料理の呼び方や、トチの葉を包む際のわらの結び方は、それぞれの家庭によってわずかな違いがあるようです。

若いやわらかい葉を2枚重ね、米が出ないように包んで煮ます。できあがりをすぐに食べることもありますが、保存性もよいので、野良仕事の携帯食としても利用されていました。トチの葉とゆでることで、ご飯はやや黄色みを帯び、特有の香りが移っています。

若葉が出るのは旧暦の端午の節句の頃で、初節句のお祝いのお返しに親戚や隣近所へ配っていました。端午の節句でなくても、5月下旬から6月下旬に来客があるときは、前日から一つひとつ丁寧に包んでつとっこの準備をしたそうです。全量もち米でつくりたいですが、入手しにくい場合は、うるち米やキビなどの雑穀を加えました。

協力＝本田隆一、新井八千代、新井幸恵、黒沢政子、黒沢隆治　著作委員＝名倉秀子

＜材料＞ 50個分

もち米…9合
うるち米…3合
小豆…290g

トチの葉約100枚（1個あたり2枚）
わら（しゅろ）50本

＜つくり方＞

1 もち米とうるち米は洗って一晩水につける。小豆はくずれない程度に煮る。
2 米と小豆の水けをきってよく混ぜ合わせる。
3 トチの葉は両面をきれいにぬれ布巾でふき、2枚重ねる。表を上にして小豆の混ざった米を大さじ2杯くらいずつ中央におき（写真①）、縦に葉を重ねて端を折り返して包む（写真②、③）。両端を折りながら（写真④）、箱形に整える。
4 わらでしばる。わら（根元の方）を葉脈に沿わせ（写真⑤）、押さえている親指をはさんで斜め上に巻いて、上からぐるぐると3周巻く（写真⑥）。端を、親指をはずしたすき間に通してとめて（写真⑦）、反対の端を引っ張ってしめる（写真⑧）。
5 深めの鍋に平らに並べて入れる。かぶるくらいの水（分量外）を加えて落とし蓋をし、つとっこが浮いてこないように重しをし、湯の表面が沸騰している状態で約45分煮る（写真⑨）。途中で湯の量を確認しながらいつもかぶるくらいに保つ。
6 米がやわらかくなっていればできあがり。湯をきって（写真⑩）ザルなどに並べて水けをきって冷ます。

撮影／長野陽一

〈奈良県〉

ふき俵

炒り大豆を入れた少し塩をきかせたご飯をふきの葉で包んだもので、俵のような形をしているのでこう呼ばれているようです。これは、新鮮でやわらかいふきの葉が手に入る初夏の時期にしか食べられません。

山添村は県の北東部、三重県境に位置します。田植えの際にふき俵をお供えとしてつくる習慣が残っており、近隣の府県にも見受けられます。おもに稲作や製茶業を生業とする農家が多い村では、5月末に茶摘みを終えると、慌ただしく田植えを始めました。その年の田植えの最初の日に、田の畦《あぜ》にふき俵や稲の苗のほか、すすき、栗の花、もち花を月の数（12カ月なので12本）供え、「今年も豊年でありますように」との願いをこめてお祈りします。すすき、栗の花、もち花を供えるのは、その形状がたわわに実った稲穂を連想するためです。供えたふき俵は、田植えの休憩時に間水（おやつ）にしました。今も毎年つくり、田の神様にお供えし、その後、家族とともに食べています。

協力＝中山容子
著作委員＝喜多野宣子

＜材料＞ 10個分

米…3カップ
大豆をつけた水…3.25カップ（650mℓ）
大豆…70g
塩…小さじ1（6g）

フキの葉…10枚

＜つくり方＞

1 大豆は紙袋に入れ、500Wの電子レンジで1分加熱したあと、紙袋の中の大豆を軽く混ぜ、さらに1分加熱する。熱いうちに水につけ、ふやかしてから皮をむき、水を捨てる。
2 大豆は新しい水に一晩つける（写真①）。大豆と水は分け、つけた水はとっておく。
3 米は洗って水をきり、炊飯器に米、2の大豆をつけた水を入れて30分吸水させる。
4 2の大豆と塩を炊飯器に入れ、塩が溶けるまで混ぜて炊く（写真②）。炊き上がったらご飯が熱いうちにフキの葉で包む。
5 フキの茎の筋を一部分だけ、葉のつけ根までむく（写真③）。筋はつけたままにしておく。
6 フキの葉を、表を上にして広げ、その上にご飯を茶碗1杯分ほどのせて（写真④）、葉を両側から重ねて包む（写真⑤、⑥）。
7 葉先の方を5の筋で巻いて（写真⑦）、ほどけないように結ぶ（写真⑧）。

◎ご飯が熱いうちに包むことで、葉の香りをご飯に移す。

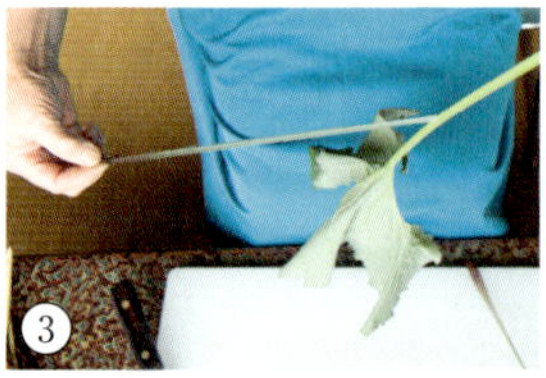

食べるときは葉を開く。熱さで葉の色が変わっている

撮影／五十嵐公

〈福岡県〉

鬼の手こぼし

独特の形が鬼のにぎりこぶしに似ていることからこの名前がついたといわれ、県南西部の、熊本県との県境に位置する黒木町《くろぎまち》や立花町で食べられています。うるち米ともち米を竹の皮で包んで塩水でゆでたもので、竹の皮の風味が米に移り、やわらかい上品な味わいです。塩味がついているのでこのまま食べます。竹の皮には殺菌・防腐作用があり夏場でも数日間は日持ちするので、山仕事に持参したり、普段のおやつとしてきました。

使うのは孟宗竹《もうそうちく》（地元では孟宗《もうそう》竹《だけ》）の皮です。孟宗竹は5月になると急激に成長して皮が自然にはがれ落ちます。雨にあたると内側に黒いブツブツした模様ができやすいので、拾うのは晴天が続いたときで、さらに晴天の下で3日ぐらい天日に干し、保存します。

多い人は毎年300枚も集めてつくるそうです。米が竹の皮からはみ出すと傷みやすく日持ちがしません。上手に包むには何度も失敗して経験を重ねることが大切と、地元の人はいいます。

協力＝草場シゲ子、原勝子
著作委員＝秋永優子

柄と蓋のついた竹編みの「つるこしょうけ」に入れ、風通しのよいところに吊るした

撮影／長野陽一

＜材料＞ 4人分

もち米…1合
うるち米…1合
竹の皮（孟宗竹）*…8枚
塩…ゆで水に対して2％程度

*竹の皮の風味が命なので、国産を使用する。

＜つくり方＞

【前日の準備】

1 竹皮と水を大きめのポリ袋に入れ、一昼夜浸してやわらかく戻す。

2 米を合わせて洗い、水に浸して12時間程度吸水させる。

【当日】

3 竹皮の表と裏をたわしでこすって毛羽立ちを落とし、洗う。

4 両脇を縦に細くひき、ひもにする。

5 竹皮の幅と長さをそろえるとできあがりの大きさがそろう。幅は7〜9cmになるように両脇をさき、長さは幅に応じて30〜45cmになるよう根元の方をハサミで切り落とす。幅が広い竹皮は2枚にさく。

6 流しの中に、米と水を入れたボウルとさじを用意し、その横で竹皮を持つ。竹皮はつるつるした内側を上面、根元の方を右側にする。左手は右端から約15cmのところを上から親指で持ち、右手は右向こうの角を手のひらで包むようにして、同じように上から持つ（写真①）。

7 親指の位置を動かさずに竹皮を手前に丸めて円すいをつくり（写真②）、右側の根元側を上に重ね、右手前の角を左手の親指で押さえる。

8 円すいの先端部にすき間ができないように整え、さじで米を水と一緒に流しこむ（写真③）。水と一緒に入れることで、竹皮の先端まで米が詰まる。

9 竹皮の縁から5mmほど下まで詰め、米が平らになるように水を注いでならす（写真④）。米を詰めすぎると加熱中にはみ出すので注意。

10 左手で円すい全体を下から支えるように持ち直し、三角すいになるように形を整える。手のひら側、親指の側、人差し指の側に三角形が1面ずつできる。米の見えている部分が三角すいの底面で、ここが正三角形になる（写真⑤）。

11 米の見える部分に余っている竹皮をかぶせる。まずは右半分から。右手のひらを使って米が出やすい右下の角の部分を丁寧にかぶせ、正三角形の右辺から奥の頂点に向かって押さえ（写真⑥）、左手の中指、薬指、小指の3本で押さえ直す。

12 正三角形の左半分も、右手で左下の角を丁寧にかぶせて左辺をおおい（写真⑦）、左手の親指で押さえ直す（写真⑧）。これで底面部分が正三角形になる（写真⑨）。

13 竹皮の余っている部分を左側に折り曲げる（写真⑩）。底面の正三角形の上の角の部分はとがらせ、そこから先端につながる辺はゆるみが出ないようにしめながら折る。

14 折った竹皮を左手親指で押さえて固定する。ここにひもを差しこみ（写真⑪）、各辺の中央を結ぶようにぐるりと1周回す。

15 1周したら交差した根元であわせて持ち、左手で手こぼしを反時計回りに3、4回ねじり（写真⑫）、ひもの端を少し折り曲げて輪にして差しこむ。ひもが長いときは切る。

16 鍋に手こぼしとたっぷりの水、塩を入れ、落とし蓋と鍋の蓋をして火にかける。沸騰したら中火にして20〜30分ゆで、網じゃくしなどでザルにあげる。加熱時間は手こぼしの大きさで加減する。

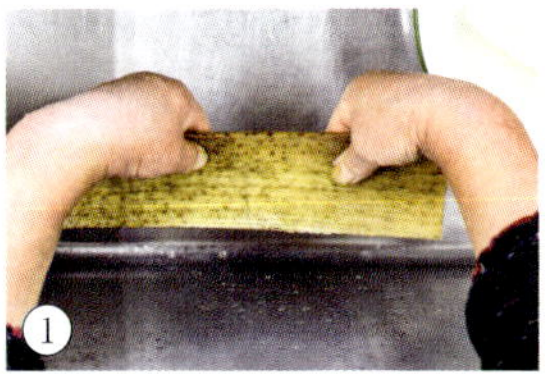
①

②

③

④

⑤

⑥

⑦

⑧

⑨

⑩

⑪

⑫

食材を生かすご飯 ご飯をおいしくする食材

本書に掲載されたご飯やおにぎり83品を比較してみると、食材の使い方や調理法に、その料理ならではの特徴や地域特性が見えてきます。レシピを読んで、つくって、食べるときに注目すると面白い、そんな視点を紹介します。

●旨みを堪能する魚介のご飯

魚や貝が入ったご飯で、主材料のみ、もしくは香りや彩りを加える野菜くらいで、あとは米と調味料だけでつくるシンプルなものが多く見られます。宮城のはらこめし（p8）、宮城と福島のほっきめし（p11、12）、福島のさんまめし（p14）、愛知の鮎めし（p19）と鯛めし（p20）、三重と兵庫のたこめし（p22、25）、兵庫のせこめし（p26）などです（写真①）。

それぞれの材料がもっともおいしい旬の時季に、素材そのものの味を堪能するごちそうになっているようです。せこがに（ずわいがにのメス）のように、1年に2カ月弱しか漁期がないものもあり、季節の巡りを強く感じさせる味になっています。岐阜のさんまご飯（p17）は、もともとは海のない県で貴重な海の魚だった塩さんまを使ったものです。炊きこみご飯にすることで1〜2尾でも家族みんなでさんまの味を楽しむことができたといいます。

季節を問わないご飯としては高知のいよめし（p36）があります。冠婚葬祭や祭りの皿鉢《さわち》料理づくりを手伝う人たちの昼のまかない食として、その時季にある魚を手間をかけずに尾頭つきで炊きこんだご飯です。魚はいとよりが「断然おいしい」とのこと。

愛知県・水郷地帯の鯉雑炊（レシピ掲載なし）は丸ごと1匹の鯉をゆでて、ほぐした身とゆで汁でご飯を炊く。この地域では炊きこみご飯のことを雑炊という。鯉の脂がのる冬がおいしい。（協力・海部地方郷土料理研究会／著作委員・西堀すき江、亥子紗世）（撮影／五十嵐公）

●魚のにおいを香りに変える

魚類は鮮度が落ちると、腐敗臭の原因の一つであるトリメチルアミンなどが増えて魚臭が強くなってきますが、これは水溶性なので水で洗うことで減らすことができます。さらに、酒やみりんは、その香りが不快なにおいをマスキングするとともに、含まれるアルコール分が蒸発する際に、におい成分も一緒に飛ばしてしまう共沸《きょうふつ》作用があります。味噌にはにおいを吸着する作用もあります。しょうが、ねぎ（青ねぎ、葉ねぎ）、三つ葉、木の芽などの香味野菜や、香川のかき混ぜ（p33）で使われている刻みのりも魚臭をマスキングしますし、ゆずなどの柑橘類の酸は魚臭のアミンと結合して生臭さを減らします。これらの作用と炊き上がったご飯の甘い香りとが合わさり、食欲をそそるおいしい香りになっています。それぞれの魚や貝にふさわしい調味料や薬味の使い方は、地域で積み重ねられてきた経験が導いたもので、その使いこなす業を実際に試して受け継いでいきたいものです。

●さばを「生きぐされ」させない方法

鮮魚の流通が難しかった頃から、さばを具にしたご飯が内陸部や山間部で見られました。使うさばは、行商が持ってくる塩さばや季節限定の竹に挟んでワラでくくられた焼きさば（兵庫・焼きさばご飯p28）、さばの缶詰（奈良・p29）などです。和歌山のかきまぜ（p30）、鳥取の混ぜご飯（p71）、佐賀のごぼうめし（p79）でも使われています。

昔から「さばの生きぐされ」といわれます。多くの魚は、魚臭が鮮度を判断する目安の一つになりますが、さばは魚臭が少なくても食べるとかゆみや食あたりが発生しやすいので、このように呼ばれてきました。その原因はヒスタミンです。

さばはアミノ酸の一種のヒスチジンを多く含みます。このヒスチジンに、さばに付着した「ヒスタミン産生菌」がつくる酵素が作用してヒスタミンが生成されます。このヒスタミンの生成速度が、さばの脂肪が酸化してトリメチルアミン、アンモニア、アミン類などの魚臭の成分が生成されるよりも速いので、魚臭が少なくてもあたりやすいのです。

ヒスタミンは、調理の加熱では分解されず食品中に残ってしまいます。そのため、ヒスタミン産生菌を増殖させないことが大切で、さばの内臓などを除いて丁寧に洗浄し、焼いたり、塩漬けしたりすることで細菌の増殖を抑え、冷蔵技術がなくても長距離の輸送に耐えるさばがつくられてきたのです。

●さば・煮干しと油揚げ・鶏肉

本稿の冒頭で魚介を単独で具にしたご飯について触れましたが、さばを使ったご飯では、たくさんの材料とともに使われるものが多くなっています。前項で紹介した焼きさばや塩さばを使ったご飯でも、にんじん・ごぼう・大根がよく使われ、地域や季節によりたけのこやふき、こんにゃくや高野豆腐などが入った具だくさんのご飯がつくられています。愛媛のおもぶり（p73）は生のさばを焼いてほぐして使い、さらに里芋や切り干し大根に干し揚げ（愛媛の油揚げ）も入った混ぜご飯です。

比較的季節を問わずに使うことができるさばは、ご飯にたんぱく質のうま味と脂肪のコクを加える食材として、季節の野菜や乾物などの植物性の食材と組み合わせて使われてきたのでしょう。そのように考えると、同様に使われてきた食材として煮干しや油揚げ、鶏肉があげられそうです。

たとえば煮干しでは愛媛の煮干しと揚げのご飯（p32）、香川のいりこめし（p34）、大阪のかやくご飯（p62）、兵庫のならじゃご飯（p63）とねぎめし（p64）が、煮干しをだしとしてだけでなく具としても食べるものになっています。瀬戸内海周辺らしい食べ方なのでしょうか。

油揚げは滋賀のあめのいおご飯（p24）、香川のかき混ぜ（p33）、栃木の五目めし（p50）、大分の物相（p82）、ほか多くの炊きこみご飯・混ぜご飯で使われています。

珍しいのは福井のあぶらげご飯（p53）で、他県では厚揚げと呼ばれそうな厚い油揚げを主材料に炊きこんでおり、油揚げのボリュームと油のコクで寒い季節に好まれたそうです。また、鳥取のどんどろけめし（p68）は炒めた豆腐を炊きこむというユニークなレシピですが、そこにさらに油揚げも加わっています。本書で登場した料理だけでは断定できませんが、日本海側の地域では油揚げの食材としての存在感が強い傾向があるのかもしれません。

祝い事や行事の際には、家で飼っていた鶏をつぶして入れたご飯もよくつくられました。本書では香川のかき混ぜ（p33）、岐阜のかきまわし（p55）、愛知のぎんなん入りかきまし（p59）、鳥取のしょうのけめし（p70）、大分と長崎の鶏めし（p84、86）などのレシピで鶏が使われています。東海地方から西日本にかけてよく食べられていたようなのは、既刊『肉・豆腐・麩のおかず』で紹介された鶏のすき焼きなどと同じ傾向です。

●野菜や山菜・いものご飯と塩味

野菜・山菜・いもなど旬の食材を単独で用いるご飯には、醤油を使わず塩味のみで味つけするものが多いようです。山形のうこぎご飯（p46）、茨城のむかごめし（p47）、神奈川の栗ご飯（p51）、山梨のいもめし（p54）、愛知の菜めし（p58）、奈良の里芋ご飯（p65）、徳島のくさぎ菜めし（p75）などです。かすかな塩味にすることにより、食材の色と食感、ほろ苦さやその香りとご飯の相性のよさを引き立たせる工夫に感じられ、旬の魚介類を使ったものとはまた違った季節感あふれるご飯になっています。

これらのご飯は、古くは貴重だった米を補った「かてめし」に原型があると思われます。山梨のいもめしではじゃがいもは米に色が似ているので、小さく切って混ぜて増量材としたという話があったり、徳島のくさぎ菜は食糧難の際の野菜代わりであったという聞き書きがされています。一方、奈良の里芋ご飯では昭和30〜40年代には米は十分あったので、増量材というより「身近な食材を使ったご飯料理」というものになっていたそうです。時代とともに料理の意味合いは変わりますが、それぞれの土地になじんだものがつくり続けられてきているのでしょう（写真②）。

② 米300gに対して大根500gを入れた和歌山・上富田町の大根めし（レシピ掲載なし）。大根のみずみずしさと甘味を楽しむ。この地域では米も野菜も豊富にあったので「かさまし」よりは旬の作物をたくさん食べるご飯。（協力・坂口照代／著作委員・青山佐喜子）（撮影／高木あつ子）

③ 奈良・宇陀市の味ご飯（色ご飯）（レシピ掲載なし）。にんじん、椎茸、ごぼう、油揚げ、ちくわ、季節の山菜やきのこが入る。醤油は控えめにして塩で味を調える。（協力・井野谷高子／著作委員・志垣瞳、島村知歩）（撮影／五十嵐公）

●食材の色を生かした味つけ

塩味だけで炊いたご飯は、醤油を加えた場合にくらべるとどうしてもうま味や風味は控えめになります。

醤油はその味、香り、色いずれもおいしさを増してくれるものですが、加えることで食材の色が茶色くなります。そのため、食材の色と風味を生かすうす口醤油が、1970年代以降、関西を中心に広まりました。本書では、京都のたけのこご飯（p60）、鳥取の混ぜご飯（p71）、愛媛のおもぶり（p73）、高知のいよめし（p36）、熊本のひじきめし（p37）などで使われています。しかし、60年代頃までは家庭で醤油を仕込むことも多く、濃口醤油が一般的でしたから、ほどよい色になるように醤油を加減して塩で味を調える工夫がされていたと考えられます（写真③）。

色を意識したご飯としては、醤油ではなく番茶で炊いた薄茶色のご飯で、わずかに塩味がきいた静岡の茶めし（p57）は、仏事のときに白飯の代わりに食べる色つきご飯です。鳥取の小豆ご飯（p69）も、慶事にはもち米の赤飯、仏事にはうるち米で炊いた小豆ご飯というように使い分けてきたそうです。

●もち米の利用をめぐって

本書で紹介するご飯の多くはうるち米を使っていますが、いくつかもち米を使ったものも見られます。漁師が忙しい漁船の中でもつまんで食べられるようにと考案された北海道のいかめし（p6）はもち米のみでつくられます。東京のいかめし（p16）はうるち米ともち米が半々です。トチの葉で米を包み、湯の中で煮る埼玉のつとっこ（p110）や、竹の皮で三角形に包んだ米を、塩を入れた湯でゆでる福岡の鬼の手こぼし（p114）でももち米とうるち米を混ぜています。いずれもつまんだり、葉から広げたときに崩れにくくしている効果があるのかもしれません。もっとも、もち米を使わずに葉で包む秋田の木の葉まま（p108）や奈良のふき俵（p112）もありますし、宮城の貝ご飯（p10）や静岡のぼくめし（p18）は器に盛って食べるご飯ですがもち米を混ぜています。成形のしやすさだけではない、いろいろな要素がもち米の利用には関係していると思われます。

●のりのおにぎりはいつから

いま、おにぎりというと、ご飯の中に何か具が入って、外側はのりで包んだものが真っ先にイメージされるかもしれません。のりで包むおにぎりは、のりの養殖が始まった江戸時代後半から、味付けのりが開発された明治初め頃にかけて広まったとされています。

1970年代後半、コンビニエンスストアにのりのおにぎりが出現してからのりで包んだおにぎりが爆発的に多くなったと考えられます。本書で聞き書き調査した「家庭料理」は1960～70年頃までに定着していた地域の料理で、のりおにぎりの普及前でした。1960年に発行された本『お茶漬けとおにぎり』（酒井佐和子他著、中央公論社）の中では、細く切ったのりをバンドのようにおにぎりに巻くなどの記述がみられ、まだまだのりは高級品で、現在のように全体をのりで包んだおにぎりは少なかったようです。本書ではバラエティに富んだ〝ご当地おにぎり〟とでも呼びたくなるおにぎりが登場しています。

●おにぎりのさまざまな形

　おにぎりの表面にきな粉をまぶした長野のきな粉むすび（p95）や、おろししょうがを混ぜた味噌風味の焼きおにぎりのけんさん焼き（新潟・p94）は、ご飯の中には何も入れないおにぎりです。小豆やえんどう豆を入れて炊いたご飯を握ったのは岩手の小豆まんま（p92）、佐賀のえんどう豆のおにぎり（p105）です。広島では大豆を炊きこんだご飯のおにぎりもあります（写真④）。

広島・府中市の大豆ご飯（レシピ掲載なし）。地元の祭りでは神様にお供えし、屋台や太鼓を担ぐ男衆には竹の皮に包んだ大豆ご飯のおにぎりが弁当として渡された。（協力・藤村恵美子、馬場眞美子／著作委員・山口享子、高橋知佐子）（撮影／高木あつ子）

　若生《わかおい》昆布で包んだご飯を昆布の塩味だけで食べる青森の若生おにぎり（p91）、酢漬けの昆布を薄く削ったとろろ昆布でご飯を包んだ富山のとろろ昆布おにぎり（p96）もあります。山口のわかめむすび（p104）は刻んだ干しわかめをおにぎりにまぶしただけというシンプルさで、天然の塩けと素朴な磯の香りを味わえるおにぎりです。こうした、のり以外の海藻で包んだおにぎりは、本書では日本海側の地域から紹介されています。

　のりを使ったおにぎりも、北海道の醤油おにぎり（p90）は醤油を全体にまぶしてからのりでくるむというもの。島根のばくだんにぎり（p102）は醤油をつけた岩のりでおにぎりが真っ黒になるまで包むという豪快さで、一般的なコンビニおにぎりとは趣が異なります。

　漬物で包むおにぎりも各地にあり、代表的なのは三重や奈良、和歌山のめはりずし（またはめはり）でしょう（p98、99、100）。三重は赤大葉高菜漬け、奈良では特産の下北春まな漬物、和歌山では高菜漬けを使ったレシピが紹介されています。漬物の塩抜きの抜き具合、高菜の芯の使い方、おにぎりの味付けなどに地域による工夫があります。

　他にも、味噌をまぶしたおにぎりを高菜の仲間の青菜《せいさい》漬けで巻いて焼いた山形の弁慶めし（p93）は漬物の酸味と辛味、青菜と味噌の焦げた香りが食欲をそそります。

●葉で包むご飯

　葉で包むご飯には、炊いたご飯を包むものと、米を包んで煮る・ゆでるものとがあります。埼玉のつとっこ（p110）と福岡の鬼の手こぼし（p114）は後者で、加熱により特有の香りになり、ご飯も黄色みを帯び、さらに、ご飯の表面にはトチの葉や竹の皮の形状が映ります。

　新鮮でやわらかいふきの葉を使う奈良のふき俵（p112）は炊けたご飯が熱いうちに包むことで葉の香りをご飯に移します。この操作は朴葉で包む秋田の木の葉まま（p108）も同じで、既刊『すし』で紹介された岐阜の朴葉ずしとも共通しています（写真⑤）。

　すしを包む葉としては笹、アブラギリ、朴葉、柿の葉、アセの葉、ハラン、ヤブミョウガなどが登場していました。『小麦・いも・豆のおやつ』では団子などを包むのに、ミョウガ、桜の葉の塩漬け、サンキライ（サルトリイバラ）、竹の皮が使われていました。葉っぱは野山に自生している植物で、必要なときに使うことができます。共通するのは包むことで携帯しやすく食器の代わりになる、食べ物の仕切りになる、香りが移りおいしさが増す、手を汚さずに食べることができ、自然に還せることなどです。多くの葉には防腐作用もあります。容器やストローなどの廃プラスチックが問題になる現代に、もっと見直されてもよい「食器」ではないでしょうか。

（長野宏子）

三重・名張市のさぶらぎご飯（レシピ掲載なし）。奈良のふき俵と同様に、豆のご飯を炊き、ふきの葉で包む。田植えのとき、田の水口に供えて豊作を願う。（協力・中森悦子／著作委員・鷲見裕子）（撮影／長野陽一）

調理科学の目 1

具入りご飯とおにぎりの科学

大越ひろ（日本女子大学名誉教授）

稲は世界各地で栽培されています。種類は日本型とインド型に大別され、日本型（ジャポニカ米）は主に東アジアで、インド型（インディカ米）はインド、ミャンマー、インドネシアなど南および東南アジアで広く栽培されています。日本型の米粒の形は丸みを帯びた短粒系です。それに対して、インド型は細長い長粒系のものが多くなっています。また、炊飯した場合に、インド型はパラッとした食感になりますが、日本型は粘りのあるもちもちした食感になります。なぜでしょうか。

●米が粘るのはなぜ

米の性状を特徴づける成分がデンプンです。デンプン分子はグルコース（ブドウ糖）が直鎖状につながったアミロースと一部が枝分かれしたアミロペクチンで構成されています。日本型では、デンプンのうちアミロース含量が17～27%ですが、インド型では27～31%になっています。デンプン中のアミロースの含量が多くなると炊飯後のめし粒の粘りが弱くなるのです。

　そもそもデンプンはそのままでは消化しにくいものですが、加水されて加熱される（炊飯）とデンプンの構造が崩れて水に囲まれ（水和）、糊化デンプンとなって消化しやすくなります。デンプンのうち枝分かれした構造をもつアミロペクチンが粘りけをつくりますが、直鎖状のアミロースが粘りけを抑制するため、デンプン中のアミロース含量が多い米ほど粘りが少なく、パラッとしたご飯になるのです。日本型の米のもちもちした食感は、炊きこみご飯の米と具のバランスや、おにぎりのまとまりやすさなどとも関係してきます。

　なお、粘りの多いもち米は突然変異でできたものといわれていて、アミロペクチンがほぼ100%なので、強く粘る性質をもっています。

●具入りご飯のいろいろ

米に何か具を混ぜた料理はかてめし、混ぜご飯あるいは炊きこみご飯と呼ばれています。

　かてめしは少ない米を補うものとして芋や大根などを混ぜて炊いたもので、本書でもむかごめし（p47）やいもめし（p54）、里芋ご飯（p65）などが見られます。同様なかてめしは昭和の初めのころまで各地で食べられていました。米が十分手に入るようになった現代では、かつてのかてめしも地域の産物を生かした変わりご飯となり、行事の際のごちそうとして伝えられているようです。

　混ぜご飯や炊きこみご飯は会食や行事のときにつくられてきました。混ぜご飯は炊いたご飯に調理済みの具を混ぜこむため、人数が増減しても対応が可能で重宝された調理法といえます。一方、炊きこみご飯は具と米を一緒に炊くため、炊飯時に米に対する具の量や水加減なども配慮する必要があります。

●具材の量と加水量

炊きこみご飯では、例えば芋類や栗などのようなデンプンを比較的多く含む素材は、米重量の約30%を加えることが多いようです。また、芋や栗は水分も70～80%含み、それ自体で十分にデンプンを糊化する水分を持っているので、米に対する加水量だけを考慮すればよいといえます。本書でも、むかごめしやいもめし、里芋ご飯は約30%の具材を加えています。一方、生または戻した豆類は米重量の約15%を加えるのが一般的です。芋類は米とかたさの点で違和感が少ないため多めに入れることができ、豆は外皮がしっかりしていて米とはなじみにくいため、芋ほどには加えないのかもしれません。加水量については豆類もデンプンを比較的多く含み、それ自体の水分で十分に糊化できるので、米に対する加水量のみでよいことになります。

大根や葉物のように水分が多い素材の場合は、加える量は米重量の15%程度にしています。炊飯中に素材の内部から水分が米に移行するので、米に対する加水量は控えめにする必要が出てきますが、具が15%程度であれば、多少水を減らすだけでよいようです。

●おにぎりの形の地域差

最古のおにぎりといわれているものは、弥生時代後期の遺跡から発見された、おにぎり状に固まった炭化した米で、蒸してから焼かれたものでした。このおにぎりは三角形で、神に供えられたものかといわれています。また柳田國男（※1）は、食べ物の三角形は人間の心臓を象《かた》どっていたという説を述べています。

小田（※2）は、「日本の食生活全集」（※3）に収録されたおにぎり339件の形状などについて分類し、約10種類の形があることを報告しています。その中で三角形（61件）、丸形（57件）、球状（55件）の3種類がほぼ同数あり、三角形は関東地方、中国地方、九州地方に多く見られました。また、丸形は東北地方と中部地方に、球状は中部地方が最も多いのですが、全国に分布していました。俵形（29件）は前述の3種類に比べ、出現は約半数ですが、近畿地方に集中していました。

本書に登場したおにぎりでは、三角形は富山県と中国、九州地方のおにぎりでした。丸形は北海道と東北、中部地方で、俵形は三重、奈良、和歌山県のめはりで確認でき、昭和初期とほとんど同じ傾向といえます。

●おにぎりのやわらかさ

おいしいおにぎりについて、テレビ番組で「空気をたっぷり含んでいて、ご飯粒が口の中でほろっと崩れます」と紹介されていました。

ご飯を握るという点では、握りずしのつくり方と共通しています。すし職人が握ったシャリ（すしめし）は、箸で摘まもうとすると崩れてしまうほどやわらかく握られています。手でやさしくつかみ、口に入れるとすぐに崩れるくらいのかたさです。では家庭でつくったおにぎりはどうでしょうか。手に持ったときに崩れず、一口噛んでから口中で咀嚼して食べることができる状態です。

図（※4）に示したように、握りずしのシャリを実験的につくってみたところ、体積当たりの重さである比重が0・80になり、約20%の空気が含まれていました。同様に、家庭のおにぎり程度では比重が1・00で米粒同士が結合していました。さらに、圧を加える押しずしでは比重が1・19となり、しっかりと米粒が重なり合い、多少変形も生じていました。図に示した3段階の比重の米粒の集合体のかたさを測定したところ、明らかに比重が小さいものほどやわらかいという結果になりました。

コンビニエンスストアなどで市販されるおにぎりには多様な具が入り、ふんわりと軽く握った状態で販売するため、崩れないように、また締めすぎないように製造や包装の工程でさまざまな工夫がされています。実感としては、かつての手づくりおにぎりの方がしっかりと握られていたと思います。

本書で紹介されている料理は、ご飯をしっかり食べられることがごちそうだった時代のものです。昔の味を懐かしむ嗜好回帰の機運もあるので、多くの人、とくに若い人に見直されつくられることを期待したいものです。

【※1】柳田國男著「食物と心臓」『柳田國男全集　第17巻』（筑摩書房）（1990年）
【※2】小田きく子著『おにぎりに関する研究（第1報）』「ブックレット近代文化研究叢書3」（昭和女子大学近代文化研究所）（2005年）
【※3】地域ごとに個性的だった大正末期から昭和初期の食生活を、当時の台所を担った方々に聞き書きし、料理を再現してもらった記録集。都道府県別とアイヌの食事、索引2巻の全50巻（農山漁村文化協会）（1984～93年）
【※4】河村彩乃他「アミロース含有率の異なる米飯の力学的特性と食べ易さ」（日本女子大学修士論文）（2011年）

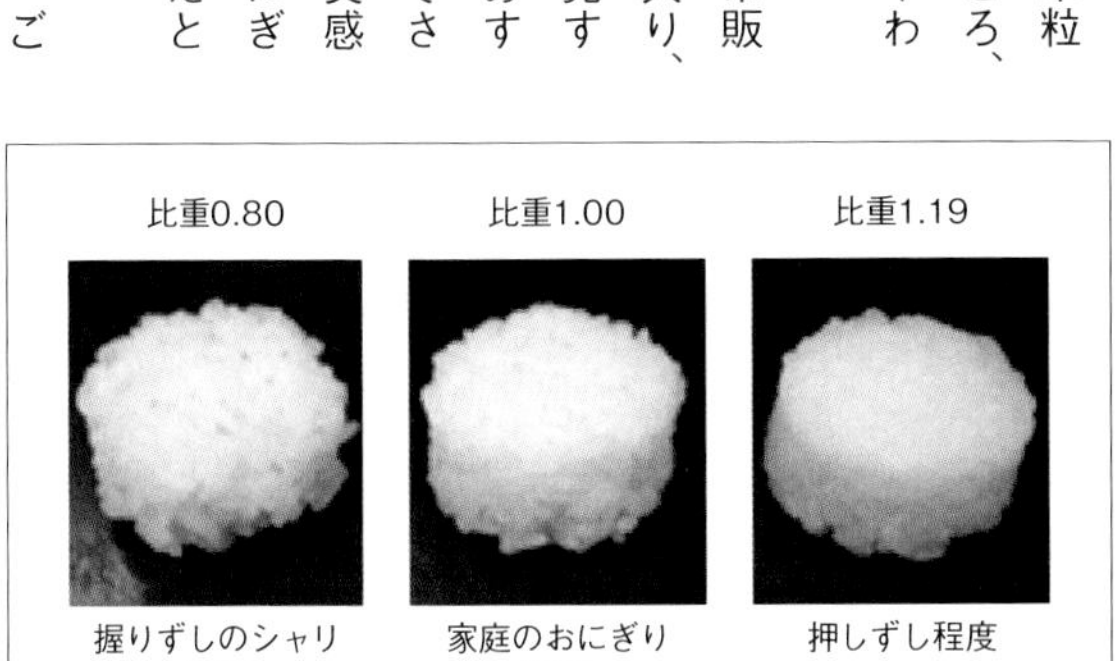

図　比重ごとの米粒集合体の写真　（【※4】より引用）
比重の大きいものほど米粒がまとまっている。

調理科学の目 2

炊きこみご飯がおいしくできる条件

綾部園子（高崎健康福祉大学教授）

炊きこみご飯は、かやくご飯や味つけご飯とも呼ばれ、万人に好まれています。炊きこみご飯がおいしくできるための条件を考えてみましょう。

具と水加減の関係は

具を加える量は、米に対して重量で15～50％が適当です。１合（約150ｇ）の米に対して20～70ｇになります。

具によっては、加熱によって水分が出てしまい、ご飯がやわらかくなってしまうことがあります。水分がご飯の水分より多いもの（きのこ類や大根の葉など）や、動物性の食品（鶏肉、カキ、アサリ、鯛など）は、加水量から具の20～30％程度の水を差し引いておきます。また、具が入ると炊飯器の中の対流が妨げられて、加熱むらを生じることがあるので、具は混ぜずに上にのせるようにします。

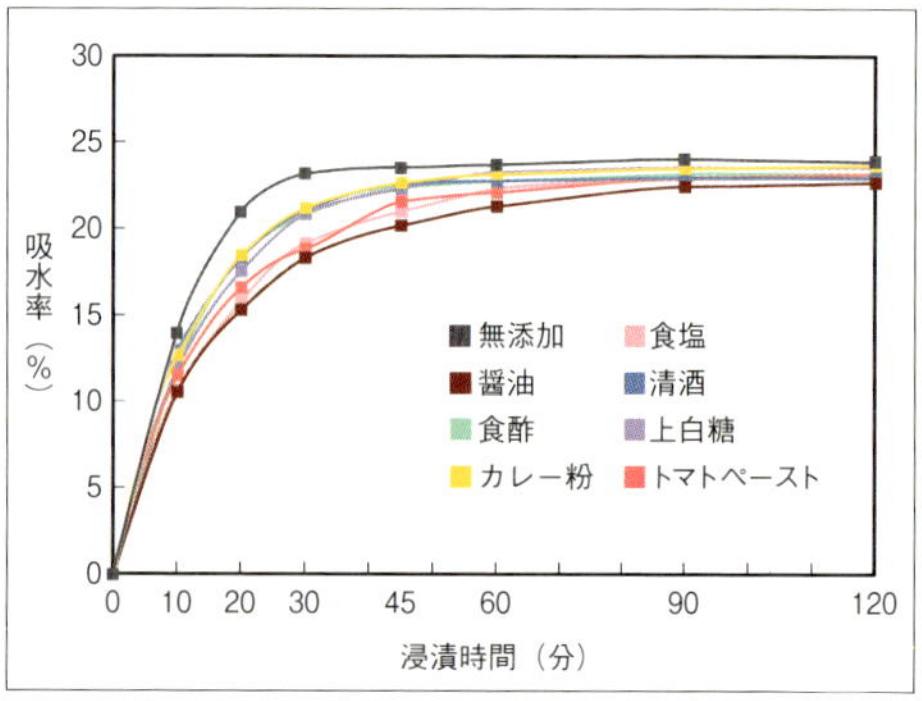

図1 浸漬中の吸水率の変化　（【※1】より引用）

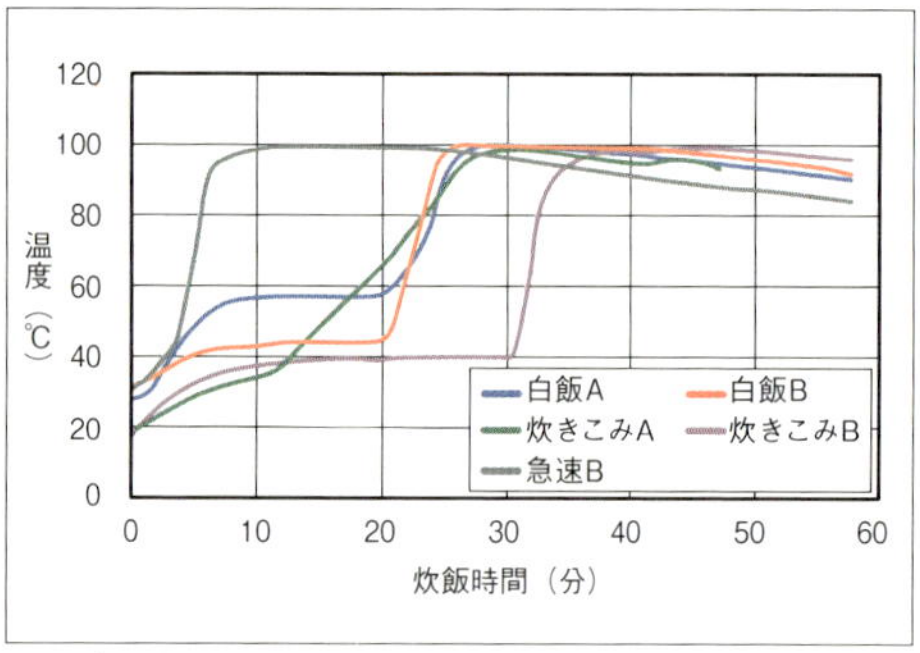

図2 自動炊飯器の温度履歴の例　（綾部，未発表）

ちょうどいい塩味と浸漬時間

炊きこみご飯の味には塩味、醤油味、バターライスなどがあります。水加減は白飯同様、米重量の１・５倍（米体積の１・２倍）が基本です。米を30分程度水に浸漬しておき、炊く直前に液体調味料分の水を除き、調味料と具を加えて炊飯します。

塩味は、炊き上がったご飯の０・６～０・７％の塩分が好まれます。ご飯の炊き上がり倍率は２・２～２・３倍なので、米重量の１・５％（＝加水量の１・０％）の塩分を加えるとちょうどいい塩味になります。醤油の場合は塩の６倍量にします。

調味料の添加は米の吸水を妨げてご飯をかたくします。図１は調味液に浸漬した際の吸水量ですが、水に比べてとくに醤油を添加した場合は吸水速度が遅くなります（※１）。このため、水だけで30分以上浸漬した後、炊く直前に調味料を加えて炊くとよいのです。

炊きこみモードは何をしている

自動炊飯器には「炊きこみモード」があります。図２は自動炊飯器の温度履歴を示したものです。「白飯モード（Ａ、Ｂとも）」では、スイッチを入れてから40～60℃を15～20分間保持した後に、７分程度で沸騰するようにプログラムされています。40～60℃を保持するのは吸水のためなので、白飯を炊く場合は洗米後すぐにスイッチを入れて大丈夫です。

「炊きこみモード」Ｂでは、この吸水時間をさらに10分延長して十分に吸水するようにしています。Ａは吸水時間を短くして（60℃以上になる時間を早くして）いますが、沸騰までの時間を長くとり、その間に吸水するようにしていると考えられます。つまり、「炊きこみモード」は浸漬なしにスイッチを入れてもおいしい炊きこみご飯になるようプログラミングされていますが、30分程度水に浸漬しておいて、炊く直前に調味料と具を加えて「白飯モード」で炊く方法でも同等になると考えられます。

【※１】伊藤・香西他「米飯の炊飯特性に及ぼす各種調味料の影響（第１報）」『日本食品科学工学会誌』第51巻第10号（２００４年）

都道府県別　掲載レシピ一覧

●1つが掲載レシピ1品を表します。

※項目ごとに五十音順。

海藻

大豆加工品

魚介

魚介加工品

肉・卵・昆虫

茶

調味料

その他

素材別索引

野菜

香味野菜

野草・山菜

野菜・果実加工品

いも・いも加工品

きのこ

穀物・穀物加工品

豆・種実

本文中に掲載した協力者の方々以外にも、調査・取材・撮影等でお世話になった方々は各地にたくさんおいでです。ここにまとめて掲載し、お礼を申し上げます。（敬称略）

青森県
青森県東青地域県民局地域農林水産部農業普及振興室、笹森得子

岩手県
大和田ミチヨ

宮城県
沼倉美津江

山形県
寒河江ヒサ子、新藤ゑい子、青木ミヨノ

茨城県
高野千代子、深作加代子、山口雅子、薄井眞理子

栃木県
企業組合らんどまあむ

埼玉県
埼玉県農林部農業支援課、田中希代子

富山県
株式会社四十物昆布

福井県
JA福井県女性組織協議会

岐阜県
吉田はつゑ、市橋さめ子、吉田智子、出村政子、土屋正子、土方紀代子、林百合子、宮嶋栄子、佐藤京子

京都府
山城北農業改良普及センター・矢野早季子

大阪府
加堂幸三郎、吉尾禮子、吉村育子

奈良県
片岡リヨ子、寺田秀子、北敦子、大東恵美子

和歌山県
有田振興局・花田裕美、東牟婁振興局・西美保、西牟婁振興局・畑田京子、紀州日高漁業協同組合・志賀きよみ

鳥取県
木村恵美子、小笠原友子、渡部君子、中西ヨシエ、柏木和江、山本伴子、宮本愛子、森本美智子、福井美知子、石田邦子

島根県
島根県食生活改善推進協議会、金高梅子、玉田みどり、野津保恵、西村初美、柴原康子、島根県立大学（平成29・30年度学術研究特別助成金）

香川県
三好智代子、伊瀬照美、合田シゲノ、篠原乃婦子、三好隆子、三好シゲ子、三好早苗、伊瀬禮子、大川君江、次田隆志、㈲阿波惣商会

愛媛県
渡部キクヱ、中村ヨシエ、菅沼裕介

高知県
松﨑淳子、小松利子

福岡県
梅崎智晶、沖加奈子、福岡県八女普及指導センター・坂井千代子

長崎県
長崎県栄養士会諫早支部

熊本県
天草市経済部農業振興課、天草広域本部農林水産部農業普及・振興課

大分県
吉良ヒサエ

宮崎県
宮崎大学・中村周作

鹿児島県
石原弘子、滝津俊一

「伝え継ぐ 日本の家庭料理」各都道府県著作委員会の著作委員一覧（2019年1月1日現在）

北海道　菅原久美子（札幌国際大学短期大学部）／菊地和美（藤女子大学）／坂本恵（札幌保健医療大学）／木下教子（北翔大学）／土屋律子（元北翔大学）／藤本真奈美（光塩学園女子短期大学）／村上知子（元北海道教育大学）／山口敦子（天使大学）／佐藤恵（光塩学園女子短期大学）／伊木亜子（函館短期大学）／畑井朝子（元函館短期大学）／宮崎早花（酪農学園大学）／田中ゆかり（光塩学園女子短期大学）

青森県　北山育子（東北女子短期大学）／安田智子（東北女子短期大学）／真野由紀子（東北女子短期大学）／熊谷貴子（青森県立保健大学）／今井美和子（東北栄養専門学校）／澤田千晴（東北女子短期大学）／下山春香（東北女子短期大学）

岩手県　髙橋秀子（修紅短期大学）／長坂慶子（岩手県立大学盛岡短期大学部）／魚住惠（元岩手県立大学盛岡短期大学部）／菅原悦子（岩手大学）／村元美代（盛岡大学）／渡邉美紀子（修紅短期大学）／冨岡佳奈絵（修紅短期大学）／佐藤佳織（修紅短期大学）／阿部真弓（修紅短期大学）／松本絵美（岩手県立大学盛岡短期大学部）／岩本佳恵（岩手県立大学盛岡短期大学部）

宮城県　高澤まき子（仙台白百合女子大学）／野田奈津実（尚絅学院大学）／和泉眞喜子（尚絅学院大学）／宮下ひろみ（東都医療大学）／濟渡久美（東北生活文化大学短期大学部）／矢島由佳（仙台白百合女子大学）

秋田県　髙山裕子（聖霊女子短期大学）／熊谷昌則（秋田県総合食品研究センター）／長沼誠子（元秋田大学）／山田節子（聖霊女子短期大学）／三森一司（聖霊女子短期大学）／髙橋徹（秋田県総合食品研究センター）／逸見洋子（元秋田大学）／大野智子（青森県立保健大学）／駒場千佳子（女子栄養大学）

山形県　齋藤寛子（山形県立米沢栄養大学）／宮地洋子（仙台青葉学院短期大学）／平尾和子（愛国学園短期大学）／佐藤恵美子（元新潟県立大学）

福島県　阿部優子（郡山女子大学短期大学部）／加藤雅子（郡山女子大学短期大学部）／會田久仁子（郡山女子大学短期大学部）／中村恵子（福島大学）／柳沼和子（郡山女子大学）／津田和加子（桜の聖母短期大学）／福永淑子（文教大学）

茨城県　渡辺敦子（茨城キリスト教大学）／荒田玲子（常磐大学）／吉田惠子（つくば国際大学）／石島恵美子（茨城大学）／飯村裕子（常磐大学）／野口元子

栃木県　名倉秀子（十文字学園女子大学）／藤田睦（佐野日本大学短期大学）

群馬県　綾部園子（高崎健康福祉大学）／堀口恵子（東京農業大学）／神戸美恵子（桐生大学）／阿部雅子（東都医療大学）／高橋雅子（明和学園短期大学）／永井由美子（群馬調理師専門学校）／渡邉靜（明和学園短期大学）

埼玉県　島田玲子（埼玉大学）／河村美穂（埼玉大学）／土屋京子（東京家政大学）／加藤和子（東京家政大学）／成田亮子（東京家政大学）／名倉秀子（十文字学園女子大学）／木村靖子（十文字学園女子大学）／駒場千佳子（女子栄養大学）／松田康子（女子栄養大学）／徳山裕美（帝京短期大学）

千葉県　渡邊智子（千葉県立保健医療大学）／柳沢幸江（和洋女子大学）／今井悦子（聖徳大学）／石井克枝（淑徳大学）／中路和子／梶谷節子／大竹由美

東京都　加藤和子（東京家政大学）／宇和川小百合（東京家政大学）／赤石記子（東京家政大学）／伊藤美穂（東京栄養食糧専門学校）／色川木綿子（東京家政大学）／大久保洋子（元実践女子大学）／香西みどり（お茶の水女子大学）／佐藤幸子（実践女子大学）／白尾美佳（実践女子大学）／成田亮子（東京家政大学）

神奈川県　櫻井美代子（東京家政学院大学）／大越ひろ（元日本女子大学）／増田真祐美（成立学園高等学校）／大迫早苗（相模女子大学）／酒井裕子（相模女子大学）／清絢／小川暁子（神奈川県農業技術センター）／河野一世（奈良食と農の魅力創造国際大学校）／津田淑江（元共立女子短期大学）

新潟県　佐藤恵美子（元新潟県立大学）／太田優子（新潟県立大学）／立山千草（新潟県立大学）／山口智子（新潟大学）／伊藤直子（新潟医療福祉大学）／玉木有子（大妻女子大学）／伊藤知子（新潟県栄養士会）／小谷スミ子（元新潟大学）／山田チヨ（新潟県栄養士会）／松田トミ子（新潟県栄養士会）／長谷川千賀子（悠久山栄養調理専門学校）／渡邊智子（千葉県立保健医療大学）

富山県　深井康子（富山短期大学）／守田律子（元富山短期大学）／原田澄子（金沢学院短期大学）／稗苗智恵子（富山短期大学）／中根一恵（富山短期大学）

石川県　新澤祥惠（北陸学院大学短期大学部）／川村昭子（元金沢学院短期大学）／中村喜代美（北陸学院大学短期大学部（非））

福井県　佐藤真実（仁愛大学）／森恵見（仁愛女子短期大学）／谷洋子（元仁愛大学）／岸松静代（元仁愛女子短期大学）

山梨県　時友裕紀子（山梨大学）／柘植光代（元日本女子大学）／阿部芳子（元相模女子大学）／松本美鈴（大妻女子大学）／坂口奈央（山梨県立北杜高等学校）

長野県　中澤弥子（長野県立大学）／吉岡由美（長野県短期大学）／高崎禎子（信州大学）／小木曽加奈（長野県立大学）／小川晶子（長野県立大学）

岐阜県　堀光代（岐阜市立女子短期大学）／西脇泰子（岐阜聖徳学園大学短期大学部）／長屋郁子（岐阜市立女子短期大学）／坂野信子（東海学園大学（非））／木村孝子（東海学院大学）／辻美智子（名古屋女子大学）／横山真智子（各務原市立桜丘中学校）／山根沙季（中京学院大学短期大学部）／長野宏子（元岐阜大学）

静岡県　新井映子（静岡県立大学）／高塚千広（東海大学短期大学部）／市川陽子（静岡県立大学）／伊藤聖子（静岡県立大学）／神谷紀代美（浜松調理菓子専門学校）／川上栄子（常葉大学）／清水洋子（静岡英和学院大学短期大学部）／竹下温子（静岡大学）／中川裕子（日本大学短期大学部）／村上陽子（静岡大学）

愛知県　西堀すき江（東海学園大学）／小出あつみ（名古屋女子大学）／近藤みゆき（名古屋文理大学短期大学部）／石井貴子（名古屋文理大学短期大学部）／小濱絵美（名古屋文理大学短期大学部）／加藤治美（名古屋文理栄養士専門学校（非））／山内知子（名古屋女子大学）／松本貴志子（名古屋女子大学短期大学部）／間宮貴代子（名古屋女子大学）／伊藤正江（至学館大学）／森山三千江（愛知学泉大学）／山本淳子（愛知学泉短期大学）／野田雅子（愛知淑徳大学（非））／廣瀬朋香（元東海学園大学）／亥子紗世（元東海学園大学）／筒井和美（愛知教育大学）／羽根千佳（元東海学園大学）

三重県　磯部由香（三重大学）／飯田津喜美（三重短期大学）／水谷令子（元鈴鹿大学）／成田美代（元三重大学）／平島円（三重大学）／久保さつき（鈴鹿大学）／鷲見裕子（高田短期大学）／乾陽子（鈴鹿大学短期大学部）／駒田聡子（皇學館大学）／阿部稚里（三重短期大学）／奥野元子（元島根県立大学短期大学部）／萩原範子（元名古屋学芸大学短期大学部）／小長谷紀子（安田女子大学）

滋賀県　中平真由巳（滋賀短期大学）／山岡ひとみ（滋賀短期大学）／石井裕子（武庫川女子大学（非））／小西春江（園田学園女子大学短期大学部）／久保加織（滋賀大学）／堀越昌子（京都華頂大学）

京都府　豊原容子（京都華頂大学）／湯川夏子（京都教育大学）／桐村ます美（元成美大学短期大学部）／河野篤子（京都女子大学）／坂本裕子（京都華頂大学）／福田小百合（京都文教短期大学）／米田泰子（元京都ノートルダム女子大学）

大阪府　東根裕子（甲南女子大学）／八木千鶴（千里金蘭大学）／阪上愛子（元堺女子短期大学）／澤田参子（元奈良文化女子短期大学）／原知子（滋賀短期大学）／山本悦子（大阪夕陽丘学園短期大学）

兵庫県　田中紀子（神戸女子大学）／片寄眞木子（元神戸女子短期大学）／坂本薫（兵庫県立大学）／富永しのぶ（兵庫大学）／本多佐知子（金沢学院短期大学）／中谷梢（学）（兵庫県立大学）／作田はるみ（神戸松陰女子学院大学）／原知子（滋賀短期大学）

奈良県　喜多野宣子（大阪国際大学）／志垣瞳（帝塚山大学（非））／三浦さつき（奈良佐保短期大学）／島村知歩（奈良佐保短期大学）

和歌山県　青山佐喜子（大阪夕陽丘学園短期大学）／三浦加代子（園田学園女子大学）／川原崎淑子（元園田学園女子大学短期大学部）／橘ゆかり（神戸松蔭女子学院大学）／川島明子（園田学園女子大学）／千賀靖子（元樟蔭東短期大学）

鳥取県　松島文子（鳥取短期大学）／板倉一枝（鳥取短期大学）

島根県　石田千津恵（島根県立大学）／藤江未沙（松江栄養調理製菓専門学校）

岡山県　藤井わか子（美作大学短期大学部）／青木三恵子（高知大学（客））／小川眞紀子（ノートルダム清心女子大学）／槇尾幸子（元中国学園大学）／大野婦美子（くらしき作陽大学）／藤堂雅恵（研）（美作大学）／人見哲子（美作大学）／新田陽子（岡山県立大学）／我如古菜月（岡山県立大学）／加賀田江里（中国短期大学）／藤井久美子（山陽学園大学）

広島県　岡本洋子（広島修道大学）／村田美穂子（広島文化学園短期大学）／渡部佳美（広島女学院大学）／石井香代子（福山大学）／奥田弘枝（元広島女学院大学）／海切弘子（研）（広島大学大学院）／上村芳枝（比治山大学（非））／木村留美（広島国際大学）／近藤寛子（福山大学）／渕上倫子（元福山大学）／前田ひろみ（広島文化学園短期大学）／木村安美（中村学園大学）／高橋知佐子（福山大学（非））／塩田良子（広島文教女子大学）／政田圭子（元鈴峯女子短期大学）／小長谷紀子（安田女子大学）／山口享子（中国学園大学（嘱））／北林佳織（比治山大学）

山口県　五島淑子（山口大学）／園田純子（山口県立大学）／池田博子（元西南女学院大学短期大学部）／櫻井菜穂子（宇部フロンティア大学短期大学部）／福田翼（水産大学校）／廣田幸子（東亜大学）／山本由美（元池坊短期大学）／森永八江（山口大学）

徳島県　高橋啓子（四国大学）／金丸芳（徳島大学）／松下純子（徳島文理大学短期大学部）／長尾久美子（徳島文理大学短期大学部）／近藤美樹（徳島文理大学）／後藤月江（四国大学短期大学部）／三木章江（四国大学短期大学部）／川端紗也花（四国大学）／坂井真奈美（徳島文理大学短期大学部）

香川県　次田一代（香川短期大学）／加藤みゆき（元香川大学）／川染節江（元明善短期大学）／渡辺ひろ美（香川短期大学）／村川みなみ（香川短期大学）

愛媛県　亀岡恵子（松山東雲短期大学）／宇高順子（愛媛大学）／香川実恵子（松山東雲女子大学（非））／武田珠美（熊本大学）／皆川勝子（松山東雲短期大学）

高知県　小西文子（東海学院大学）／五藤泰子（東海学院大学）／野口元子／福留奈美（お茶の水女子大学（非））

福岡県　三成由美（中村学園大学）／松隈美紀（中村学園大学）／宮原葉子（中村学園大学（非））／入来寛（中村学園大学）／御手洗早也伽（中村学園大学）／熊谷奈々（中村学園大学）／大仁田あずさ（元中村学園大学）／八尋美希（近畿大学九州短期大学）／秋永優子（福岡教育大学）／川島年生（中村学園大学）／永田瑞生（九州女子大学）／末田和代（精華女子短期大学）／楠瀬千春（九州栄養福祉大学）／仁後亮介（中村学園大学短期大学部）／吉岡慶子（元中村学園大学）／猪田和代（太刀洗病院）／山本亜衣（九州女子大学）

佐賀県　西岡征子（西九州大学短期大学部）／副島順子（元西九州大学）／武富和美（西九州大学短期大学部）／萱島知子（佐賀大学）／成清ヨシヱ（元西九州大学短期大学部）／橋本由美子（西九州大学短期大学部（非））

長崎県　冨永美穂子（広島大学）／久木野睦子（活水女子大学）／石見百江（長崎県立大学）

熊本県　秋吉澄子（尚絅大学短期大学部）／北野直子（元熊本県立大学）／戸次元子（老健施設もやい館）／川上育代（尚絅大学）／原田香（尚絅大学短期大学部）／中嶋名菜（熊本県立大学）／小林康子（尚絅大学短期大学部）／柴田文（尚絅大学短期大学部）／小椋綾乃（尚絅大学短期大学部）

大分県　西澤千惠子（元別府大学）／篠原壽子（東九州短期大学）／立松洋子（別府大学短期大学部）／望月美左子（別府溝部学園短期大学）／高松伸枝（別府大学）／宇都宮由佳（学習院女子大学）／山嵜かおり（東九州短期大学）／麻生愛子（東九州短期大学）

宮崎県　篠原久枝（宮崎大学）／長野宏子（元岐阜大学）／磯部由香（三重大学）／秋永優子（福岡教育大学）

鹿児島県　森中房枝（鹿児島純心女子大学）／木之下道子（鹿児島純心女子大学）／進藤智子（鹿児島純心女子短期大学）／山﨑歌織（鹿児島女子短期大学）／木戸めぐみ（鹿児島女子短期大学）／大倉洋代（鹿児島女子短期大学（非））／大富あき子（東京家政学院大学）／大山典子（鹿児島純心女子短期大学）／新里葉子（鹿児島純心女子大学）／福元耐子（鹿児島純心女子大学）／山下三香子（鹿児島県立短期大学）／木下朋美（鹿児島県立短期大学）／大富潤（鹿児島大学）／竹下温子（静岡大学）／千葉しのぶ（鹿児島女子短期大学）／久留ひろみ

沖縄県　田原美和（琉球大学）／森山克子（琉球大学）／我那覇ゆりか（宮古島市立西辺小学校）／大城まみ（琉球大学）／名嘉裕子（デザイン工房美南海）

秋の田んぼで稲刈り（長崎県壱岐市）　写真／長野陽一

左上から右へ　むかごめし（愛知県新城市）、せこめしの炊き上がり（兵庫県香美町）、きな粉をかけたご飯を朴葉でくるむ（秋田県）、もろぶたにご飯を広げて具を混ぜる（愛媛県今治市）、炊き上がったご飯にごぼうとうなぎを混ぜる（静岡県湖西市）、重箱に入ったきな粉むすび（長野県飯山市）、炊きたてのご飯をにぎる（北海道札幌市）、栃の葉に小豆ともち米をのせて包む（埼玉県秩父市）　撮影／五十嵐公、長野陽一、高木あつ子

全集

伝え継ぐ 日本の家庭料理

炊きこみご飯・おにぎり

2019年11月10日　第1刷発行

企画・編集
一般社団法人 日本調理科学会

発行所
一般社団法人 農山漁村文化協会
〒107-8668 東京都港区赤坂7-6-1
☎ 03-3585-1142（営業）
☎ 03-3585-1145（編集）
FAX 03-3585-3668
振替 00120-3-144478
http://www.ruralnet.or.jp/

アートディレクション・デザイン
山本みどり

制作
株式会社 農文協プロダクション

印刷・製本
凸版印刷株式会社

＜検印廃止＞
ISBN978-4-540-19181-7

本扉裏写真／五十嵐公（愛媛県・煮干しと揚げのご飯）
扉写真／長野陽一（p5、43）、高木あつ子（p89）

「伝え継ぐ 日本の家庭料理」出版にあたって

一般社団法人 日本調理科学会では、2000年度以来、「調理文化の地域性と調理科学」をテーマにした特別研究に取り組んできました。2012年度からは「次世代に伝え継ぐ 日本の家庭料理」の全国的な調査研究をしています。この研究では地域に残されている特徴ある家庭料理を、聞き書き調査により地域の暮らしの背景とともに記録しています。

こうした研究の蓄積を活かし、「伝え継ぐ 日本の家庭料理」の刊行を企図しました。全国に著作委員会を設置し、都道府県ごとに40品の次世代に伝え継ぎたい家庭料理を選びました。その基準は次の2点です。

①およそ昭和35年から45年までに地域に定着していた家庭料理
②地域の人々が次の世代以降もつくってほしい、食べてほしいと願っている料理

そうして全国から約1900品の料理が集まりました。それを、「すし」「野菜のおかず」「行事食」といった16のテーマに分類して刊行するのが本シリーズです。日本の食文化の多様性を一覧でき、かつ、実際につくることができるレシピにして記録していきます。ただし、紙幅の関係で掲載しきれない料理もあるため、別途データベースの形ですべての料理の情報をさまざまな角度から検索し、家庭や職場、研究等の場面で利用できるようにする予定です。

日本全国47都道府県、それぞれの地域に伝わる家庭料理の味を、つくり方とともに聞き書きした内容も記録することは、地域の味を共有し、次世代に伝え継いでいくことにつながる大切な作業と思っています。読者の皆さんが各地域ごとの歴史や生活習慣にも思いをはせ、それらと密接に関わっている食文化の形成に対する共通認識のようなものが生まれることも期待してやみません。

日本調理科学会は2017年に創立50周年を迎えました。本シリーズを創立50周年記念事業の一つとして刊行することが日本の食文化の伝承の一助になれば、調査に関わった著作委員はもちろんのこと、学会として望外の喜びとするところです。

2017年9月1日

一般社団法人 日本調理科学会　会長　香西みどり